MW01256951

Despertar del Tercer Ojo

Como activar tu chakra del tercer ojo y glándula pineal

Por Barbara Rowland & Sarah Martin

© **Copyright 2019 por Barbara Rowland y Sarah Martin - Todos los derechos reservados.**

Cualquier forma no autorizada de distribución, copia, duplicación, reproducción, o venta (total o parcial) del contenido de esta web, tanto para uso personal como comercial, constituirá una infracción de los derechos de copyright. Todos los derechos reservados.

La información que se provee en este libro es verdadera y consistente, cualquier inconveniente, por uso o abuso de cualquiera de las políticas, procesos o direcciones contenidas aquí es responsabilidad del lector. bajo ninguna circunstancia el escritor o editor aceptaran culpa o responsabilidad legal, ni se harán cargo de reparación de daños o pérdida monetaria, directa o indirecta que resultara de la lectura de este libro.

Los autores respectivos son dueños de todos los derechos no reclamados por el editor.

Aviso legal:

Este ebook está protegido por las leyes de copyright. Es solo para uso personal. Prohibido corregir, distribuir, vender o citar total o parcialmente este libro sin expreso permiso de su autor o dueño de los derechos. Se tomarán acciones legales si esto no se cumpliese.

Disclaimer:

La información contenida en este libro es para propósitos educativos y de entretenimiento únicamente. Se han tomado todos los recaudos para proveer información exacta, actualizada y confiable. No se expresan ni se implican garantías de ningún tipo. El lector reconoce que el autor no está tratando de proveer asesoría legal, financiera o profesional.

Mediante la lectura de este documento, el lector manifiesta su conformidad de que no somos responsables por ninguna pérdida, directa o indirecta, incurrida como resultado de la lectura o uso de la información contenida en este documento, incluyendo, aunque sin limitarse a errores, omisiones o inexactitudes.

Tabla de contenidos

Introducción

Imagina esto. Tu teléfono suena y sabes quién llama antes de atender. Conoces un hombre o una mujer encantadores, pero tu instinto te dice que no son de fiar. Estás conduciendo y te encuentras con una bifurcación en el camino: tomas el camino de la izquierda y, más tarde ese mismo dia te enteras de que hubo un accidente el el camino de la derecha.

Todas estas circunstancias tienen la misma simple explicación: el tercer ojo. Tiene muchos nombres: glándula pineal, sexto sentido, instinto, por nombrar un par. Toda persona posee el tercer ojo, pero no todos saben como hacerse receptivos a él. Afortunadamente, con las estrategias correctas, puedes aprender a abrirlo y permitirte ver los signos alrededor tuyo.

Pero, ¿qué es el tercer ojo? Es difícil decirlo; algunos lo describen como un flujo de energía, mientras que otros lo definen como una conexión a un poder superior o fuente de iluminación. Puede describirse de todas esas formas y más; tiene la habilidad de conceder una percepción superior para tomar decisiones en tu vida, guiándote en la dirección correcta. Algunas personas desarrollan "poderes" luego de abrir su tercer ojo, como la habilidad de ver el futuro o mover cosas con su mente.

Ya sea que poseas esos profundos poderes de visión o que simplemente te beneficies de una intuición más profunda, abrir el tercer ojo tiene un número de beneficios. Puede aumentar tu creatividad, mejorar tus patrones de sueño y mejorar también tu capacidad de tomar decisiones informadas en tu vida, promover la paz interior y la armonía exterior, entre otras.

Este libro ha sido dividido en tres secciones, para hacer más simple su navegación. En la primera sección te familiarizaras con la historia del tercer ojo y aprenderás qué es el tercer ojo y cómo abrirlo puede mejorar tu vida. También encontraras una seccion de preguntas frecuentes. La segunda sección de este libro te ayudará a preparar tu ambiente y tu mente, para tener las mejores posibilidades de abrir tu tercer ojo. Tambien aprenderas diferentes naturalezas (habilidades) del tercer ojo. Finalmente, discutiremos las diferentes estrategias que puedes usar, tanto convencionales como no, para abrir el tercer ojo y hacer de tu vida una vida más iluminada. Estos métodos incluyen desde aceites esenciales a cristales que puede usar para conectarte con el tercer ojo, hasta canticos y tecnicas de meditacion.

¡La mejor de las suertes en tu camino a la iluminación!

SECCIÓN I: ENTENDIENDO LOS PODERES DEL TERCER OJO

Capítulo 1: Introducción y origen del tercer ojo: ¿Qué es el tercer ojo?

Si estudias diferentes sociedades y religiones, verás que el tercer ojo es algo común a muchas de ellas. El nombre puede cambiar de una sociedad a otra, pero todas se refieren al tercer ojo, ubicado sobre las cejas, como un sentido de empoderamiento o iluminación. Algunos lo describen como un sentido de conocimiento incrementado, mientras que otros lo ven como una vista al futuro. Algunas personas simplemente lo describen como una intuición constante que los guia por la vida.

Como sea que lo sientas, el tercer ojo abre puertas a un tipo de saber o conocimiento. Aunque no todos experimenten "poderes" como telepatía o clarividencia, todo el mundo tiene el potencial de desbloquear o abrir el tercer ojo. La segunda sección de este libro te enseñara varias técnicas y estrategias que puedes usar para lograrlo. Esta primera sección servirá para presentar que es el tercer ojo y como el abrirlo puede traer beneficios a tu vida. También responderá algunas de las preguntas más apremiantes acerca del tercer ojo.

¿Qué es el tercer ojo?

En las diferentes religiones y prácticas del mundo, el tercer ojo tiene múltiples significados. En general, se considera un concepto con una cierta cualidad mística. Se usa para describir una percepción, como una visión que excede a la visión física. Algunas personas se refieren al tercer ojo como a un meta órgano, ya que usa la mente, la información recibida por los sentidos para buscar patrones y nuevas percepciones del mundo. De esta forma, obtienes una perspectiva que no tenías antes y un conocimiento más profundo de los pasos que debes seguir en tu vida.

El tercer ojo también se percibe como místico debido a que muchas personas tienen experiencias de iluminación espiritual cuando abren el tercer ojo. Por ejemplo, las personas que ven el futuro pueden usar el tercer ojo para responder preguntas acerca del mundo que los rodea y para sentir conexiones y patrones escondidos. Las personas conocidas como "trabajadores de la energía" pueden sentir el flujo de la energía a su alrededor y manipularla. Existe también una fuerte conexión entre el tercer ojo y la empatía, lo que puede explicar cómo algunas personas pueden ver el aura de otros y sentir sus emociones. Abrir el tercer ojo te permite obtener un sentido más profundo del mundo y de uno mismo.

Teoría del campo unificado - la ciencia detrás del tercer ojo

Hasta el momento de su muerte, Albert Einstein buscaba encontrar una teoría del campo unificado que explicara la relatividad de la materia en un único campo. Se dice incluso que pidió ver sus últimas notas días antes de su muerte. Esta es solo una parte de un panorama más amplio. James Clerk Maxwell había propuesto la primer teoría de campo del electromagnetismo a mediados del siglo XIX; Einstein propuso la segunda, la teoría general de la relatividad, a comienzos del siglo XX. Einstein tenía una idea que lo obsesionaba: debía haber una teoría del campo unificado. se basaba en que el electromagnetismo y la gravedad se manifiestan de distinta forma, pero funcionaban en el mismo campo.

Esto llevó al surgimiento de la teoría cuántica, que está ganando mayor aceptación en la comunidad científica. La teoría de la relatividad y la gravedad observan un fenómeno a nivel macroscópico, visible a ojo desnudo, tu vista natural. El tercer ojo se relaciona con la teoría cuántica en cuanto incluye la naturaleza y comportamiento de la materia a nivel atómico y subatómico (microscópico).

Una teoría es que el tercer ojo ofrece una percepción más profunda al pasado, presente y aun en algunos casos el futuro, ya que ayuda a descubrir cosas a nivel microscópico. Esto nos da una mayor comprensión del mundo que nos rodea y explica por qué algunas personas experimentan ciertos poderes luego de haber abierto su tercer ojo. Desarrollan la habilidad de ver cosas a nivel subatómico, luego la mente usa esa información para alterar su percepción. En el próximo capítulo explicaremos este concepto en mayor profundidad.

El tercer ojo a través de las diferentes culturas y religiones

El tercer ojo no es un descubrimiento místico ocurrido en las últimas décadas. Si analizas la historia y las prácticas de varias culturas y religiones alrededor del mundo, en todas encontraremos mención al tercer ojo. El estilo de vida Taoísta, por ejemplo, enfatiza en la conexión espiritual con uno mismo mediante la apertura del tercer ojo. La Biblia también menciona el tercer ojo, pero recomienda no intentar abrirlo, y hasta lo condena. Aunque se discutan las intenciones o la "bondad" del tercer ojo, lo que mínimamente nos queda en claro es que es algo real y estudiado.

El tercer ojo que se menciona en religiones, culturas y prácticas meditativas es la glándula pineal. Simbólicamente,el tercer ojo es un ojo que existe en la frente; ubicado entre ambas cejas. La idea es que creando la conexión entre el tercer ojo y la mente, logramos conectarnos con nuestro ser interior y con el mundo exterior.

El tercer ojo y la Biblia

Una de las referencias bíblicas más antiguas al tercer ojo es en Mateo 6:22: "Si tu ojo es bueno, todo tu cuerpo estará lleno de luz." Aunque esto parezca positivo, el texto discute a continuación la conexión entre el tercer ojo como siendo uno potencialmente de luz o de oscuridad, dependiendo de si las intenciones de quien abre el ojo son buenas o malas.

Sin embargo, en pasajes posteriores de la Biblia, pasajes de los libros de Levítico, Crónicas, Romanos, el evangelio de Juan y Efesios niegan la idea de que el tercer ojo pueda ser bueno o malo. Inclusive sostiene que aquellos que practican acciones relacionadas al tercer ojo, como la lectura de la fortuna o similares, deberían ser condenados a muerte, así como aquellos que se asocian con ellos. Eventualmente, se explica la mención positiva más antigua al tercer ojo: el tercer ojo o sexto sentido del cual se habla es la conexión con el Espíritu Santo, y ese espíritu debería usarse como guía. La conexión con el Espíritu llena el ser, no dejando lugar para los espíritus malignos.

El chakra del tercer ojo

Es común escuchar la frase chakra del tercer ojo, ya que es uno de los siete que se encuentran en diversos puntos del cuerpo. Estos chakras se alinean con la teoría del campo unificado y las ideas presentes en la física cuántica: que los humanos no somos entidades singulares sino que estamos constituidos de atomos y moleculas que se unen para formarnos.

Cada entidad 'humana' no es más que un cuerpo físico asignado para contener los siete chakras. Los chakras explican los diferentes centros de energía que se encuentran en el cuerpo, cada uno con su correspondiente ubicación y color. En muchas culturas se cree que el flujo de energía es importante para la salud; es por eso que tratamientos que alinean el qi o la energía, como el Reiki o la acupuntura, que se usan para tratar determinados problemas de salud. Estas terapias se han usado para la presion alta, dolor en las articulaciones, migrañas, entre otras.

Si se considera al tercer ojo como un chakra, esto habla de la importancia de tener el ambiente y el estado mental adecuados antes de intentar abrir el tercer ojo. Hay, en total, siete chakras en el cuerpo; muchas culturas que se enfocan en abrir el tercer ojo requieren que accedas a un flujo libre de energía a través de los demás chakras antes de alcanzar este estado de iluminación, en el que el tercer ojo está abierto y percibe el mundo que te rodea.

• Los siete chakras comienzan con el chakra raíz, que está relacionado con todo lo que está arraigado y da estabilidad. El chakra raíz se localiza en la base de la columna.

• El siguiente es el chakra sacro, ubicado en la parte inferior del abdomen; se relaciona con sentimientos de placer y emoción.

• Luego sigue el chakra del plexo solar, que se encuentra sobre el ombligo. Esta área está relacionada con la confianza y la autoestima.

- Justo encima del plexo solar está el chakra del corazón, relacionado con todo lo relacionado al amor.

- El siguiente es el chakra de la garganta, relacionado con todo tipo de comunicación.

- Finalmente, está el chakra del tercer ojo o Ajna chakra. Tradicionalmente se lo relaciona con un sentido de empoderamiento y percepción, que describe el sentido de iluminación cuando el tercer ojo está abierto. Está relacionado con la intuición, percepción aumentada, intuición y destreza imaginativa.

- El último chakra se encuentra arriba del chakra del tercer ojo y el es chakra de la corona. Se encuentra en la parte superior de la cabeza y es el hogar de la energía espiritual.

Casquetes

Otro elemento común con respecto al tercer ojo es el principio del casquete o sombrero craneal. Con el correr del tiempo, esta idea se ha ido diluyendo; hoy solo se usa por costumbre o tradición. En los primeros días, sin embargo, el casquete se posiciona de esa forma para representar una cercanía al tercer ojo, el ojo que da acceso a lo divino. Los Judíos ortodoxos usan este casquete como 'yarmulke' mientras que el Papa lo usa como 'zucchetto.' Este tipo de sombrero también puede encontrarse en la religión musulmana, donde se lo conoce como 'Taliyah.' Sin importar el nombre que se le de, se ha usado como una forma de santificar la coronilla o corona de la cabeza, donde se localiza el tercer ojo.

Otras menciones al tercer ojo

En el Corán, estos campos de energía son llamados los siete cielos. En 2:164 dice "Entonces Él se dirigió al cielo y creó los siete cielos, y Él es conocedor de todas las cosas."

El tercer ojo también es conocido como el "puente hacia lo Divino" por esta razón. Cuando el tercer ojo se activa, permite que ocurra la experiencia de conciencia de Dios o 'Samadhi.'

Hay muchos otros nombres que refieren al tercer ojo. Los metafísicos lo llaman 'El ojo veedor de la conciencia,' mientras que los Hindúes se refieren a él como 'Ajna.' Los antiguos egipcios lo llamaban el 'Ojo de Horus' y los musulmanes lo llaman 'Khafi.' Según Descartes el tercer ojo es el 'asiento del alma.'

Un símbolo común en la jerarquía del Antiguo Egipto es la cobra erguida que el faraón usa sobre su cabeza. Su nombre es 'uraeus' y representa la sabiduría y la realeza, así como también la conciencia del tercer ojo.

En el Vedas, que son los textos de los Antiguos Hindúes se

8

sostiene que la apertura del tercer ojo lo conecta a uno con la divinidad de Dios. Solo cuando los ojos de la vista y el tercer ojo están abiertos puede el espíritu conectarse con los Dioses y las Diosas. Se dice que ningún maestro de la religión Hindú ignora esta conexión; al contrario, trabajan constantemente para abrir el tercer ojo.

Capítulo 2: Explicando el tercer ojo. Cómo funciona, beneficios y qué esperar luego de abrir el tercer ojo

El tercer ojo existe en un reino de posibilidad. Tiene potencial infinito para brindar sabiduria, iluminacion y percepción cuando se logra aprovechar su poder. Aun así, la gente experimenta esta apertura de forma única. Algunas personas pueden sentir y trabajar con la energía en una habitación, hasta manipulando la energía dentro de su campo para cambiar la forma en que las personas interactúan unas con otras. Otras pueden ver auras con sus ojos físicos, y pueden usar esta información para detectar las intenciones de otras personas y aplicar una mayor empatía durante su interacción con ellos.

Como el tercer ojo interactúa con los otros sentidos.

Hasta ahora, siempre se ha enfatizado el rol del tercer ojo como un 'meta' órgano que recolecta información de los demás sentidos para sacar sus conclusiones. También debe mencionarse que el tercer ojo trabaja con esos sentidos. Hay una suerte de superposición entre el tercer ojo y la forma en que interactúa con los demás sentidos. Por ejemplo, la intuición puede presentarse como un cosquilleo en el estómago: ese es tu tercer ojo tratando de usar tus sentidos físicos para comunicarle su intuición.

Un buen ejemplo de esto es la forma en que las auras interactúan con el sentido de la vista. Las auras una superposición de información. Cuando pensamos en el sentido de la vista, a menudo pensamos únicamente en las cosas que están en frente nuestro. El tercer ojo interactúa con el sentido de la vista más adelante en el proceso, cuando la información de lo que estás viendo llega a la mente.

Piensa en lo que sucede mientras lees este párrafo. No solo ves tinta negra sobre una página; estás entendiendo las palabras a medida que las lees. Las palabras se combinan para formar ideas y conceptos, todos ellos obtenidos de una serie específica de marcas sobre la página.

La vista que experimentas es, por lo tanto, la estimulación visual que ocurre una vez que la información ha llegado a tu mente. Cuando miras a una persona que está frente a ti, no solo ves su ropa y sus atributos físicos. Los ojos envían información crítica a través del tercer ojo hasta llegar a la mente: su estado, si estan distraidos, su bienestar y mucho más. A medida que recolectamos esta información, tu tercer ojo percibe las imágenes frente a ti, buscando patrones. Luego, superpone el 'color' del aura de esa persona, enviando un mensaje a tu cerebro el mensaje que contiene la energía emocional de esa persona en ese momento. No altera necesariamente lo que percibes, pero agrega datos para que tu mente intérprete.

Entendiendo la glándula pineal.

El nombre biológico del tercer ojo es el de glandula pineal, nombre que adquiere de su forma cónica, similar a una piña. También se lo llama epífisis. La glándula pineal está constituida por un material granulado en lugar de materia gris. Se encuentra entre los hemisferios izquierdo y derecho, hacia el centro del cráneo, sobre la médula espinal.

Siguiendo las reglas de la teoría del campo unificado, todo se conecta a nivel atómico y también subatómico. La glándula pineal puede comprender información a este nivel menor, analiza esta información y la envía de nuevo al cerebro. La glándula pineal influencia a los otros sentidos, como el sentido de la vista, para que envíen mensajes acerca de lo que están experimentando.

Cómo se forma la glándula pineal

Al momento de nacer, la glándula pineal es prácticamente inexistente. Con el paso del tiempo, en el área donde se ubica la glándula pineal se acumulan sales de fósforo y calcio que forman cristales. Estos cristales de agrupan y se transforman en el tejido cerebral granuloso, que el la glándula pineal.

La glándula pineal como una computadora cuántica

Otra teoría popular acerca de la glándula pineal y sus habilidades como tercer ojo fue desarrollada en la década del 70 por Nikolai Kobozev, un físico y profesor de la Universidad de Moscú. Mientras estudiaba la idea de la conciencia, llegó a la conclusión de que la estructura molecular cerebral no es responsable por el pensamiento. En lugar de eso, él postuló que el caudal externo de lo que él denominó 'psicones' fluía a través la materia cerebral para crear un estado de conciencia. Estas partículas hipotéticas son las responsables de transportar y transmitir impulsos mentales y emocionales.

Una buena forma de razonar esto es como una computadora cuántica, donde la glándula pineal es un centro de control como una placa madre. El centro de control es una matriz de información, almacenada y enviada en qubits, que son como megabits de datos que se cargan y descargan de la placa madre. Una vez subidos, los qubits pueden alterarse, encriptarse, traducirse y transmitirse para enviar señales a los otros sentidos de tu cuerpo, creando la experiencia de tener un tercer ojo activado.

Siguiendo con la analogía de la computadora, la glándula pineal no está en su forma completa. Cuando tienes una nueva computadora, a menudo descargas programas adicionales para personalizarla según tus necesidades. Por ejemplo, tal vez descargues un programa de edicion de fotografias para hacer trabajo de diseño gráfico o un reproductor de vídeo específico para usar servicios de streaming.

Beneficios de abrir el tercer ojo

Abrir el tercer ojo es algo que lleva tiempo y concentración. Es cierto que cualquier persona puede canalizar el poder del tercer ojo y experimentar los efectos que puede tener en su vida. Sin embargo, no todo el mundo tendrá la motivación para trabajar para lograrlo. Abrir el tercer ojo requiere de perseverancia y tiempo. Esta sección te ayudará a entender lo que obtienes al abrir el tercer ojo, asi tendras una imagen más clara de cuál será tu objetivo.

1. Abres tu mente a las posibilidades alrededor tuyo

Los principios como la regla de la atracción se enfocan en cómo la energía que enviamos determina lo que recibes en la vida. Cuando abres tu tercer ojo, comenzaras a desbloquear el mundo a tu alrededor. En lugar de ver los obstáculos en tu camino, aprenderás a identificar los problemas y a ver patrones que te guíen al futuro que deseas.

Uno de los mayores motivos por los que las personas no logran éxito que desean es porque limitan sus opciones. Tal vez se alejen de determinadas situaciones por incidentes pasados o simplemente están inseguros de los pasos que deben seguir para llegar a su objetivo. Cuando accedes al poder del tercer ojo, acceder al potencial del mundo que te rodea. Tu alma ya no esta dormida; esta lista para trabajar junto a tu mente activa para hacer realidad tus sueños más grandiosos.

2. Puedes formar tus propias opiniones.

¿Alguna vez has conocido a alguien que no cambia su opinión sobre algo, sin importar la evidencia que se les presente? Esto sucede porque la gente está obsesionada con la idea de estar en lo correcto y que se note que lo están. A menudo están de acuerdo con la opinión más popular y rechazan todo aquello que no apoye su postura. Lamentablemente, así es como la gente suele ignorar todas las injusticias y faltas de igualdad que los rodea.

Cuando has abierto tu tercer ojo, te encontrarás pensando de una manera completamente nueva. Los pensamientos que tengas serán más críticos, permitiendote hacer preguntas y evaluar la información disponible antes de formar una opinión o tomar una decisión.

3. Tu espíritu despierta

¿Has escuchado la palabra rebaño? Este término se usa para describir a personas que siguen ciegamente a un político, líder religioso, o un medio de comunicación. No son los pensadores críticos del mundo; simplemente hacen y piensan lo que se espera de ellos. Una vez que tu tercer ojo este abierto, comenzaras a entender la realidad del mundo. No te sorprendas si descubres que el mundo es un lugar oscuro... está lleno de figuras autoritarias que manipulan al resto como si de marionetas se tratase. Las faltas de justicia e igualdad existen en todos lados. Sin embargo, debes saber también que el mundo tiene muchos lugares hermosos. Tus motivaciones y objetivos seguramente cambien cuando abras tu tercer ojo, ya que preferirás un estilo de vida más libre, donde puedas experimentar compasión, amor y verdad más profundas y reales.

Con este despertar espiritual viene también un mayor sentido de conexión con el mundo. Sentirás la energía y la materia que existen a tu alrededor y eventualmente te darás cuenta de que el cuerpo físico al que estás acostumbrado no es tu verdadero ser. Tu verdadero ser es el espíritu dentro de tu cuerpo, el mismo espíritu que comparte la energía de la gente, los animales, plantas y toda la demás vida que te rodea. Esta conexión no se limita al cuerpo físico, sino que se expande por el Universo.

4. Tu sueño mejorará

Una de las funciones de la glándula pineal es la de gobernar los ciclos de sueño y de vigilia, lo que significa que dormirás mejor una vez que abras tu tercer ojo. Mucha gente también experimenta sueños lúcidos. Con el tiempo, comenzarás a entender que el reino de los sueños tiene posibilidades ilimitadas. Las posibilidades seguirán incrementando a medida que veas la inmensidad de tu ser espiritual.

5. Puedes aprender el viaje astral

La gente que accede por completo al poder del tercer ojo puede aprender a realizar viajes astrales. Cuando ves que hay infinitas posibilidades y que tu ser espiritual no está necesariamente conectado a tu cuerpo físico, se vuelve aparente que no necesitas limitarte a tu existencia en el mundo físico. El tiempo y el espacio no son elementos fijos en tu vida, a menos que tú les permitas consumirte. Algunas personas experimentan esto, como la capacidad del alma de dejar el cuerpo, viajando a cualquier tiempo y espacio del universo.

6. Tendrás una intuición mayor

Algunas personas desarrollan su intuición al máximo luego de haber abierto su tercer ojo, lo que suele denominarse sexto sentido. Ciertas personas tienen poderes psíquicos naturales encerrados dentro suyo. Estos poderes provienen de canalizar las señales instintivas que les envia el mundo. Es como dice la frase "todo lo que necesitas está contenido en el interior." Puedes aprender los secretos del mundo al expandir tu conciencia y focalizarse en tu interior.

7. Desarrollarás un sentido más profundo de lo que deseas

Es muy fácil distraerse de los propios objetivos por la atracción material del mundo. Hay publicidades por todos lados, decidiendo qué es lo que "necesitamos" para ser feliz. La idea del éxito a menudo está asociada con hacer dinero, aun más dinero del que podrías necesitar en toda una vida. El problema es que esto deja a mucha gente insatisfecha, sin saber cuales deberían ser sus objetivos o cómo lograr ese "sueño" prometido.

Cuando abres tu tercer ojo, notaras que los deseos y bienes materiales del mundo no te parecen tan importantes. Tendrás una percepción mayor de lo que te hará realmente feliz en la vida, asi como tambien del camino que debes seguir para llegar ahí.

8. Experimentarás un aumento de la creatividad

Las personas que se limitan a la existencia física a menudo se contienen debido a los lineamientos y prejuicios del mundo. Es fácil sentir que los demás son los jueces de nuestro trabajo creativo, ya que la creatividad no es algo que no puede ser regulado. Cuando abres tu tercer ojo, ya no estas atado a los estrictos lineamientos que marca el mundo. Ganarás la confianza para planear tus propios proyectos creativos y hacerlos realidad.

9. El estrés se desvanecerá

El despertar del tercer ojo muda tu sentido de la conciencia hacia el interior; las cosas que suceden alrededor tuyo son menos significativas. Esta reducción de tus niveles de estrés puede provenir del entendimiento de que los pequeños problemas de mundo significan menos en el plan mayor del universo. Cuando estás conectado con todo, tienes mayor control sobre las cosas que te producen estrés, y desarrollas la habilidad de generar un impacto positivo en tu propia vida.

El tercer ojo también te brinda percepción acerca de cómo puedes hacer para que tu estrés se desvanezca. En lugar de enfocarte en el estrés y la ansiedad, tu mente te presenta soluciones y cada dia despertaras con la determinación de trabajar hacia tus objetivos y eliminar los factores que te estresan.

10. Mejora general de la vida

La conclusión es que, cuando el tercer ojo está abierto, estas invitando a que sucedan las cosas que necesitas para tener éxito en la vida. Tendrás una mayor percepción de tus objetivos, como lograr la felicidad, y reducir el estrés. La calidad de tus relaciones, contigo mismo y con los demás, mejorará así como también tus patrones de sueño y creatividad. También es posible que experimentes ciertos poderes como clarividencia, proyección astral o la capacidad de ver auras. Todas estas cosas se unen para ayudarte a lograr una mejor calidad de vida, para que comiences a vivir como te mereces.

Capítulo 3: Preguntas frecuentes

Aunque ahora tienes un conocimiento básico de que es el tercer ojo y qué puede hacer, es posible que tengas muchas preguntas que no se hayan discutido aún. En esta sección discutiremos las preguntas más frecuentes acerca del tercer ojo, para que tengas un conocimiento más profundo antes de avanzar hacia las prácticas que te ayudarán a abrir el tercer ojo.

¿Cómo sabré que mi tercer ojo está abierto?

Lo sabrás cuando tengas experiencias reales que indiquen su activación. Cuando tu tercer ojo está abierto, te darás cuentas que sabes cosas antes de que ocurran. Tal vez estés pensando en alguien, justo antes de que te llamen o te escriban. Puedes tener un presentimiento negativo justo antes de recibir noticias de que alguien se ha hecho daño. También puede ser que sientas atracción por una persona o lugar, solo para darte cuenta de que esto te lleva más cerca de tus objetivos.

En otras ocasiones, no es tan aparente. Aun cuando estas conciente del mundo que te rodea, la información intercambiada entre la glándula pineal y la mente es una calle de doble mano. También debes ser receptivo a las señales que envía el tercer ojo a tu mente. Presta atención a las pistas que te envía tu mente, y te encontrarás mejor preparado para recibir esas señales.

¿Cuál es la formas más fácil de abrir el tercer ojo?

Si miras el estilo de vida de los Budistas, Taoístas y otros grupos, veras que ponen gran énfasis en la meditación. Cuando la gente ignora el tercer ojo, puede calcificarse, lo que hace más difícil que se abra. La meditación ayuda a remover esta calcificación. No necesitas cartas de tarot ni una bola de cristal para lograrlo; solo necesitas enfocar tu energía hacia adentro y poner tu mente a trabajar para abrir el tercer ojo.

¿Puede cualquier persona abrir el tercer ojo?

Anteriormente mencionamos que cualquiera tiene acceso al tercer ojo. Si, cualquiera que tenga una glándula pineal puede abrir el tercer ojo. Sin embargo, la glándula pineal aún no está presente en niños antes de la edad de 7 años. Aquellas personas que sufren enfermedades mentales o una discapacidad mental tal vez no logren crear el puente entre la mente y el cuerpo que se necesita para conectarse al tercer ojo.

¿Hay una 'zona' donde se pueda abrir el tercer ojo sin esfuerzo?

Es interesante notar que el tercer ojo es algo que requiere relajación con intención, en lugar de concentración. Si intentas demasiado, puedes terminar inhibiendo tus esfuerzos. Esta puede ser una de las causas por las que las personas que promueven la relajación a través de la meditación son las más exitosas en crear ese lazo crítico entre el cuerpo y la mente que se necesita para abrir el tercer ojo.

Aun así, puede ser que llegue un momento en el que estés relajado en tu estilo de vida. El estrés se habrá desvanecido porque confías en que tu tercer ojo te ayudará a encontrar el camino más seguro hacia la felicidad y el éxito. Esta relajación creará una 'zona' en la que estarás constantemente conectado a tu tercer ojo, aparentemente sin esfuerzo. Esta es una guía que adquieres sin esfuerzo, y te sentirás conectado a todo lo que te rodea. Una vez que llegues a esa zona, confía en que habrá removido la calcificación alrededor de tu tercer ojo.

¿Cuanto tiempo me llevará abrir el tercer ojo?

Tu habilidad para abrir el tercer ojo tiene mucho que ver con tu espiritualidad personal y en cuanto confías en tu mente. Algunas personas están más cerca que otras a abrir su tercer ojo debido a su estilo de vida. Aun así, pocas personas abren su tercer ojo al 100% en el curso de su vida. En lugar de enfocarte en un objetivo final de activar por completo tu tercer ojo, concéntrate en un progreso continuo de tus habilidades.

¿Puedo aprender la proyección astral, hablar con espíritus, leer auras y ver el futuro?

Las personas que hacen este tipo de preguntas a menudo esperan tener una serie de poderes provenientes del tercer ojo. Este tipo de habilidades se denominan 'naturalezas' del tercer ojo. Algunas personas aprenden a leer auras o logran la proyección astral, mientras que otras solo experimentan mayor intuición y un sentido aumentado de su propósito en la vida. Puede ser que descubras que tienes una predisposición para una de esas habilidades. Si no es así, puede llevarte años adquirir una de ellas. Si estás tratando de adquirir una habilidad específica sin progreso, puede ser útil buscar un maestro versado en esa área específica.

¿Qué sucederá cuando abra mi tercer ojo?

La experiencia de abrir el tercer ojo se siente como una vibración de adentro de tu mente. Tal vez veas también una bola de luz azul si estás tratando de crear la energía mientras meditas. En tus actividades cotidianas, notaras que puede tomar decisiones, basadas en el instinto, que luego te dan la razón. También puedes sentir que tus acciones ahora tienen un propósito.

¿Debería contarle a mi familia y amigos acerca de mi nuevo estado de iluminación?

Hay mucho estigma alrededor del tercer ojo y la elevada

conciencia que conlleva. Algunos pueden entender el tercer ojo como algo malvado, mientras que otros lo consideran trucos de la mente. Es emocionante formar esa conexión y aún más emocionante compartir tu experiencia con otras personas. Sin embargo, eso no significa que debas discutir tus experiencias con toda persona con la que te encuentres.

Por muy fuerte que sea tu mente, es fácil sentirse desalentado por las palabras de otros. No puedes esperar crear la conexión necesaria entre el tercer ojo, el cuerpo y la mente con dudas en tu mente. Hablar con otros antes de tener confianza en tus habilidades puede hacerte retroceder, o hasta alejarte de tu objetivo. Si eliges compartir tus experiencias, hazlo entre las personas menos prejuiciosas. Elige tu público sabiamente y comparte con personas que apoyen tu iluminación espiritual en lugar de menospreciarla.

¿Necesito un maestro para aprender?

Algunas personas buscan la guía de un maestro al tratar de abrir su tercer ojo, buscando que su experiencia valga la pena. Tener un maestro tiene sus beneficios, especialmente para las personas que aprenden mejor en interacciones uno a uno o mediante la observación. Sin embargo, no necesitas un maestro para aprender a abrir el tercer ojo. Es difícil encontrar un auténtico practicante en esta área y alguien que tenga el compromiso y la determinación para aprender puede hacerlo por su cuenta.

¿Puede otra gente notar que mi tercer ojo está abierto?

La experiencia del tercer ojo es una superposición con tus otros sentidos. 'Ves' cosas porque tu tercer ojo está interactuando con tus ojos. Cuando tienes una sensación de apremio en tu estómago, es el tercer ojo interactuando con tus sensaciones físicas. La excepción es si estás profundamente inmerso en tu conexión con el tercer ojo y pareces estar distraído. En esos casos puede parecer como que no estás prestando atención, pero nadie podrá ver físicamente nada de lo que experimentes.

¿Por que es abrir el tercer ojo más difícil o imposible cerca de ciertas personas?

Algo que siempre debes recordar es que el tercer ojo representa posibilidades. El tercer ojo detecta si esa persona no cree en la habilidad y no se abrira. Si la persona con la que estas no está abierta a las posibilidades, entonces la conexión no puede crearse y no puede compartir información con ellos. Esto sucede porque el juicio nubla la percepción y hace que sea difícil aceptar las cosas como son, sin clasificarlas o etiquetarlas. Si la otra persona está juzgando las habilidades del tercer ojo, éste se nubla.

¿Es el tercer ojo algo malo?

Uno de los motivos por los que se juzga a quienes intentan abrir el tercer ojo es porque se lo considera algo malo o siniestro. Es importante recordar que nada es inherentemente bueno o malo. Lo importante es las elecciones personales que tomamos. Son las acciones las que determinan que algo sea bueno o malo: el mismo cuchillo que sirve para preparar una maravillosa comida para alimentar a la gente sin techo puede ser usado para matar a un hombre. Todo depende de cómo se use ese cuchillo.

El tercer ojo es tan bueno o malo como el resto de las cosas; lo que realmente importa es la forma en que lo uses. No corrompas tu naturaleza y no uses el tercer ojo con intención de dañar. Si se siente mal, no lo hagas. Sigue estas simples reglas, puedes tomar decisiones que se sientan bien usando tu tercer ojo.

¿Puedo conectarme con algo peligroso cuando abro el tercer ojo?

Es común para las personas no familiarizadas con el tercer ojo el tener las cosas que podrían ver si lo abren. Algunas personas pueden comunicarse con espíritus, algo que Hollywood ha convertido en un suceso muy peligroso. Sin embargo, es importante tener en mente que no vas a conectarte con tu tercer ojo y experimentar una inundación de espíritus de algún reino desconocido. Una parte significativa de la experiencia es lo que estés dispuesto a aceptar; entonces, en definitiva, tú controlas lo que buscas encontrar con tu tercer ojo. Puede haber un pequeño riesgo, pero eso sucede cuando la gente elige usar el tercer ojo para conectarse con entidades más oscuras y peligrosas.

La única amenaza es el delirio. El delirio ocurre cuando las personas fuerzan al tercer ojo a abrirse, creyendo que están teniendo una experiencia o viendo algo que no está realmente ahí. Esto puede llevarlos a actuar de una manera que no es la habitual. Al preparar tu mente en la forma correcta, como aprenderás en la siguiente sección de este libro, el delirio se convierte en algo menos probable.

¿Es el tercer ojo algo espiritual?

El tercer ojo tiene muchas implicancias espirituales; inclusive se lo menciona en muchas religiones del mundo. El tercer ojo es espiritual hasta cierto punto, en el sentido de que debes estar en contacto con tu propio espíritu y con el flujo de tu propia energía en el mundo. Esto no significa que no puedas abrir el tercer ojo si no eres una persona espiritual. Pero no te sorprendas si la meditación y otras prácticas te llevan a un espacio más profundo dentro tuyo. Si tienes suerte en abrir tu tercer ojo, entonces descubrirás también que posees una nueva espiritualidad.

¿Es el tercer ojo anticristiano?

Aunque la Biblia menciona el tercer ojo y sus implicancias tanto para el bien como para el mal, en general se lo considera algo en contra de la fe cristiana. Según los principios del Cristianismo, el tercer ojo no es de Dios. Otras menciones en la Biblia incluyen la idea de que aquellos que tienen el poder del tercer ojo están engañándose a sí mismos y a los demás o están bajo la influencia de una fuerza demoniaca. Consultar con medios y psíquicos es una práctica que va contra Dios. En el Antiguo Testamento, actuar como médium o psíquico era castigado con la muerte.

El sexto sentido de la filosofía cristiana es la idea del Espíritu Santo como el sexto sentido. Se dice que es el Espíritu Santo quien debería enseñar la verdad y guiar al pueblo.

SECCIÓN II: PREPARANDOTE PARA ABRIR EL TERCER OJO

Capítulo 4: Determinando la naturaleza de tu tercer ojo

Es casi imposible que una persona aprenda todas las habilidades del tercer ojo en el lapso de una vida. Hay docenas de habilidades para aprender, pero lleva mucho trabajo dominarlas. Estas habilidades suelen describirse como naturalezas del tercer ojo: todas las vastas posibilidades que existen debido a la conexión con el tercer ojo y lo que puedes hacer con ella.

La naturaleza del tercer ojo de una persona es como un lenguaje. Aprender una nueva lengua puede ser difícil, llevando inclusive años de práctica. Lo mismo sucede con el tercer ojo. También es cierto que tal vez puedas aprender varias lenguas. Igual que sucede con los idiomas, mientras más aprendas, más fácil te resulta aprender ya que comenzarás a notar patrones y a usar esa información para incrementar tu conocimiento.

Algunas personas solo quieren abrir el tercer ojo para lograr una mayor percepción, y tal vez nunca dominen una habilidad, satisfechas con experimentar algunos de los beneficios que discutimos en el segundo capítulo. Otros buscan perfeccionar sus habilidades y desarrollar la habilidad de la proyección astral o la clarividencia. Algunos pocos selectos aprender varias naturalezas en el curso de su vida.

Naturalezas del tercer ojo

¿Cual es la primera imagen que viene a tu mente cuando escuchas la frase habilidad psíquica? ¿Evoca la figura de mujeres usando chalinas y brazaletes, mirando en una bola de cristal o leyendo las líneas de la palma de la mano? Estas son imágenes típicas de Hollywood. No hay ninguna característica estereotípica que las personas con esta habilidad tienen en común: cualquiera puede canalizar los poderes del tercer ojo e incluir las habilidades psíquicas en su vida. La lista debajo no es del todo inclusiva, pero te dará una idea de las habilidades que pueden desarrollarse una vez abierto el tercer ojo.

Clarisensibilidad

La clarisensibilidad siente energías y espíritus, pasados, presentes o futuros. Esto puede incluir ver las vidas pasadas de una persona, así como también conocer a alguien y saber detalles importantes acerca de su vida solo con tocarlos. Las auras y las energías tal vez cumplan un papel aquí, pero comúnmente es causada por la canalización de la energía del otro luego del contacto físico.

Proyeccion astral

El poder de la proyección astral consiste en empujar tu conciencia fuera de tu cuerpo, puede ser a una ubicación diferente en el planeta, un tiempo diferente o inclusive un plano diferente. En ocasiones, la proyección astral se compara con una experiencia fuera del cuerpo. La mayor diferencia es que la proyección astral es algo que realizas voluntariamente, mientras que una experiencia fuera del cuerpo sucede de forma involuntaria. En la proyección astral, veras que no estás limitado por las mismas limitaciones físicas que experimenta tu cuerpo; aquí podrás caminar a través de puertas y paredes.

Clarividencia

Esta es la habilidad psíquica más común. Puede incluir ver auras, visiones, espíritus, así como también mirar hacia el pasado o el futuro. Este es el poder psíquico más representado en Hollywood, en forma de clarividentes, mediums y varios tipos de adivinos.

Telequinesis

Esta es una habilidad sumamente rara. Es otra de las favoritas de Hollywood, representada como un super poder en películas como "X Men" o como una fuerza, como es el caso de "Star Wars." Esencialmente, la telequinesis es la habilidad de mover objetos físicos usando tu mente.

Clariconocimiento

Esta es la habilidad también conocida como "conocimiento claro". Se trata de la habilidad de conocer algo sin estudio previo de la materia. En muchos casos, el clariconocimiento es transmitido a la persona por su ser superior o guía espiritual.

Mediumnidad

Aquellos que abren su tercer ojo y se comunican directamente con los espíritus han desarrollado el poder de la mediumnidad, también conocido como canalización psíquica. Es común que los médiums trabajen cerca de psíquicos para desarrollar otras habilidades. En algunos casos, el médium simplemente habla y escucha al espíritu y recolecta información de esa manera. Otros médiums permiten que el espíritu tome su cuerpo y se comunique directamente usando la voz del médium.

Clariaudiencia

This ability describes hearing things outside what is considered 'normal' human perception. Often, these sounds come from a different plane or the spiritual world. Voices may be heard, but music and noises sometimes cross over as well. Other times, people who are clairaudient may hear messages that have been connected to certain inanimate objects, including special artifacts, crystals, and minerals.

Precognición

La precognición describe específicamente la habilidad de predecir eventos futuros. La precognición se presenta de diferentes formas, a veces como un producto secundario de otras habilidades, como la percepción extra sensorial (ESP, por sus siglas en inglés) o la clarividencia. En otros casos, la gente que experimenta precognición tiene sueños detallados de eventos que aún no sucedieron.

Psicometría

La psicometría se trata de obtener información al tocar un objeto o visitar un lugar. Esto puede ser útil para saber qué sucedió en un lugar, ayudar a encontrar a alguien o algo que se ha perdido o descubrir otra información. Algunas personas han abierto su tercer ojo lo suficiente como para poder comunicarse con animales, detectando sus emociones y obteniendo imágenes de la mente del animal.

Escritura automática

La escritura automática es una forma de escritura que ocurre cuando se está conectado con el más allá. Es una forma de canalizar espíritus de los que se han ido o que están atrapados en otros planos. La mente consciente no interviene durante la escritura automática, como si estuvieras un trance y tus manos se movieran sin esfuerzo sobre la página.

Retrocognicion

Algunas personas son capaces de ver el pasado, no el futuro. La habilidad de retrocognición se transmite más comúnmente a través de los sueños, donde podras ver eventos pasados que te involucren a ti, a otras personas o vidas pasadas.

Clairgustancia

¿Alguna vez has sentido un sabor vívidamente, como la tarta favorita de tu abuela o la salsa casera de tu padre? La gente con esta habilidad a menudo saborea sustancias sin hacer contacto físico con ellas.

Adivinación

La adivinación es la práctica de usar herramientas para obtener evidencia o información del mundo espiritual e interpretar estos datos usando diversas técnicas. Algunas personas aplican esta habilidad para encontrar cosas, entender el presente, revelar hechos del pasado o predecir el futuro.

La adivinación está basada en el principio de que el mundo etéreo y el mundo físico tienen una conexión cercana. Los objetos que uses para obtener información crean una pista, una energía espiritual o una comunicación medium. Algunas de las traducciones más comunes suelen ser bolas de cristal, hebras de té, cartas de tarot, péndulos, tablas ouija y bibliomancia, por nombrar algunas.

Telepatía

La telepatía es la habilidad de leer los pensamientos de otros, no solo su humor o su futuro. Implica una conexión profunda e íntima con la mente y algunas personas logran un grado de desarrollo de esta habilidad que les permite alterar o plantas pensamientos en las mentes de otras personas. Esta habilidad se usa para interacciones humanas, pero los versados en este arte también pueden comunicarse con animales.

Empatía psíquica

Algunas personas son naturalmente más empáticas que otras, ya que su inteligencia emocional se encuentra más desarrollada. La empatía psíquica describe un fenómeno similar, donde puedes sentir las emociones del otro. Esto a menudo sucede al detectar el campo energético o el aura de otra persona, en lugar de basarse en señales físicas, como haría alguien naturalmente empático.

Visión etérica

Algunas personas pueden ver a través de objetos sin tocarlos físicamente, como el interior de cartas y libros. Esto podría compararse a la visión de rayos X, aunque no es el objetivo desvestir a nadie con la mirada. En lugar de eso, la visión etérica te permite ver a través de sólidos y dentro de ellos.

Determinando la naturaleza de tu tercer ojo

Muchas personas sostienen la importancia de ponerse

objetivos en la ida, para ayudarlos a avanzar hacia un punto ideal específico. Esto es lo que les permite enfocarse sin desvíos. Así como establecer la intención de llegar a un objetivo, también puedes establecer la intención para tu tercer ojo determinando su naturaleza.

Abrir el tercer ojo es un proceso. Algunas personas experimentan sus habilidades naturalmente, mientras que otras encuentran que su habilidad se encuentran enterradas en el fondo de su ser. Muchos pasan años de su visa desarrollando el tercer ojo, entrenandolo para que funcione de la manera que desean.

El argumento de innato vs. adquirido juega un papel aquí. Algunas personas tienen una predisposición natural mayor para determinadas habilidades. Esto puede tener que ver con cómo has usado tu tercer ojo en el pasado o si tu alma ha estado conectada al tercer ojo anteriormente. Algunos Budistas creen en la reencarnación: el alma vive una y otra vez hasta que alcanzas un cierto estado de iluminación espiritual.

La mejor manera de determinar la naturaleza del tercer ojo es no forzarlo. Dedica tiempo a la meditación y relajación. Ten en cuenta que mientras más fuerces al tercer ojo a a hacer algo, menos probable es que esto suceda. La única forma de cultivar tus habilidades es a través de la meditación regular del tercer ojo. Puedes pedir ayuda a un maestro que se especialice en tu naturaleza si lo deseas, pero eso no garantiza que logres desarrollar la naturaleza que buscas.

La naturaleza del tercer ojo y los mantras

Si estás decidido a enfocar tu tercer ojo de forma que te ayude a desarrollar cierto poder, puedes usar mantras que te permitan lograr un estado de relajación y abrir el tercer ojo. Los mantras funcionan estableciendo una intención específica, sin interrupciones en tu concentración. Contribuyen al proceso de meditacion y relajacion, sin requerir mayor esfuerzo.

Si decides usar un mantra para abrir tu tercer ojo, es importante elegir un mantra con un significado que este alineado a tu objetivo. Por ejemplo, no lograras tener visiones del futuro si repites un mantra que crea una conexión con otros reinos.

Finalmente, asegúrate de seguir practicando luego de haber desarrollado tu habilidad. Aunque la mayoría de las personas solo aprenden una naturaleza a lo largo de su vida, muchas de estas habilidades se relacionan de cerca. Como sucede con los idiomas, veras que cuando empiezas a notar patrones y a enfocar tus intenciones, aprender las diferentes naturalezas se vuelve más fácil.

Capítulo 5: Preparando el ambiente para la meditación del tercer ojo

El resultado de tus esfuerzos, el éxito o el fracaso dependerá de tu mentalidad y de factores como el ambiente en que te encuentres. Este capítulo describe lo que necesitas saber antes de abrir el tercer ojo y tambien como establecer el tono adecuado para una sesion de meditacion. También brindará información crucial para cerrar el tercer ojo, algo esencial si estás teniendo una mala experiencia.

Prepara tu entorno

Algo que notarás cuando abras tu tercer ojo es un profundo sentido de conexión con todo lo que existe a tu alrededor, personas, animales y tu entorno físico. Cuando ves la profundidad de esa conexión, es lógico asumir que el entorno en el que estás cuando abres tu tercer ojo influenciara el éxito que tengas. Usa estas guías para ayudarte a preparar el entorno para conectar con el tercer ojo.

1. Elige un lugar en el que te sientas relajado

Abrir el tercer ojo requiere habilidad para concentrarse pero sintiéndose relajado. Para algunas personas, el mejor lugar para abrir el tercer ojo es puertas adentro, donde no haya ruidos ni distracciones. Otras personas prefieren ir a un estudio de meditación o algún otro lugar donde practiquen con regularidad para crearse una rutina. El exterior también es aceptable cuando el clima es agradable. Mientras estés usando la ropa adecuada y puedas regular tu temperatura corporal, cualquier entorno al aire libre funcionara. Adentrarse en el bosque, subir una montaña o sentarse junto a un cuerpo de agua puede ayudarte a sentir conectividad con todo lo que te rodea.

2. Busca una conexión

Cuando estás tratando de activar el tercer ojo, es útil buscar conexiones. Crear un sentido de conexión entre el mundo y tú puede ayudarte a encontrar los patrones necesarios para que el tercer ojo recolecta información. Esta es una de las razones por las que se recomienda tratar de abrir tu tercer ojo en contacto con la naturaleza.

Visita diferentes ecosistemas y pasa tiempo observando. Presta atención al flujo de energía entre los animales, las personas y los demás elementos que existan en el área. Ve a un estanque y observa a los peces saltar y asustar a las ranas, haciéndolas cantar. Camina alrededor del borde del estanque y escucha a las criaturas acuáticas saltar para alejarse al ruido de tus pasos. Arroja una piedra y observa las ondulaciones en el agua.

Párate en una acera de la ciudad y observa el flujo de vehículos y peatones. Fijate como un auto deja de avanzar, dando a otra persona o vehículo la oportunidad de hacerlo. Presta atención a un área de la acera y observa cómo las personas se mueven una cerca de la otra. Recuerda que el flujo de energía está en movimiento constante, no para, simplemente se mueve de una entidad a la siguiente.

3. Elige el ruido ambiente adecuado

Es difícil escapar de la vida en ocasiones, especialmente si vives en una gran ciudad, vives con tu familia o compartes tu casa con compañeros. Los sonidos de la calle, como las bocinas de autos, ladridos de perros y gritos, te llegan continuamente, asi como tambien los sonidos del interior de la casa: pasos de la gente con la que vives y golpes en tu puerta para hacerte una pregunta.

Si estás al aire libre, tal vez sera mas facil ir donde haya poca gente. Si esta no es una opción en tu ciudad, tal vez la mejor opción sea comprar auriculares o un pequeño parlante para reproducir la música que te ayuda a relajarte. Si estás bajo techo, puedes meditar con el sonido de las olas del mar o los sonidos del bosque. Tener un ventilador prendido es otra buena opción, ya que te ahogara los sonidos externos.

4. Minimiza las distracciones

La depresión y la ansiedad son problemas comunes de las personas que trabajan demasiado o sufren estrés. Puede ser muy difícil concentrarte en el disfrute y la relajación si estás continuamente tratando de cumplir con las exigencias de la vida. Para abrir el tercer ojo, sin embargo, es crítico alejarse de las exigencias de una vida demasiado ocupada. Apaga tu teléfono, asegúrate de que tus niños o mascotas están bien cuidados para poder estar en soledad mientras meditas. Elige una habitación sin televisión ni pantallas de ningún tipo y dedicate de lleno a meditar. Si te preocupa que las demás personas respeten tu espacio, elige una habitación donde puedas cerrar la puerta y cuelga un cartel de "No molestar" sobre ella. Tiene que quedar claro que no quieres interrupciones.

Las distracciones también pueden provenir del interior. Aunque el objetivo es concentrarse pero relajando la mente al mismo tiempo, no es tan fácil de realizar. Esto es especialmente cierto si estás experimentando dolores, incomodidad o ansiedad. Cuando te sientas a meditar, tienes que decirte a ti mismo que dejas ir todos esos problemas. Si te encuentras perdido en tus pensamientos, recuérdate a ti mismo que estás tratando de relajar la mente. No te juzgues ni tengas miedo de no poder frenar tus pensamientos; simplemente déjalos ir.

5. Haz una rutina de meditación

Aunque tus primeros intentos con la meditación son poco fructíferos, eventualmente tu mente se dará cuenta de lo que estás tratando de hacer. Una de las formas más fáciles de ayudarte a lograr una meditación más profunda es hacer de la meditación una rutina. Elige un sitio para meditar y vuelve a ese mismo lugar todos los días a la misma hora para tus sesiones de práctica. Usa la misma música o sonidos ambientales para ayudar a tu mente a conectar esa hora y esos sonidos con la práctica de abrir el tercer ojo.

También es útil elegir un objeto de meditación, particularmente si andas siempre a las corridas y necesitas algo que ayude a conectar la hora con la práctica de meditación. Las velas son una buena opcion, pero tambien puedes usar una piedra especial, un altar, una foto o cualquier otra cosa que te permita alcanzar el estado mental necesario

Minimiza las distracciones físicas y emocionales

¿Has tratado alguna vez de tomar un examen o concentrarte en un proyecto cuando tenías un fuerte dolor de cabeza? ¿Y cuando estabas usando ropa incómoda, muy ajustada o con una etiqueta molesta? Lo más probable es que este tipo de incomodidad física no te permita rendir al máximo de tu potencial. Lo mismo sucede con los problemas emocionales. La gente tiene problemas para concentrarse cuando su cerebro emocional está tan saturado que no pueden pensar con claridad. Por ejemplo, si has sufrido una ruptura de una relación o si una persona querida ha fallecido.

Antes de intentar meditar, asegurate de que has hecho todo lo posible por garantizar tu confort físico. Trata de alejar el dolor de tu mente y asegurate de estar usando ropa cómoda. Si estás sufriendo dolor emocional, intenta meditar antes de comenzar la práctica de abrir el tercer ojo. Alinear tus chakras también puede ayudar a reducir el dolor, tanto físico como emocional.

Alineando tus chakras

Si estás lidiando con problemas emocionales, enfermedad o dolor severo, tendrás problema para intentar activar tu tercer ojo. Las sesiones de acupuntura y Reiki pueden ayudar a alinear los chakras, especialmente para personas que no están aún acostumbradas a la meditación o los chakras. La meditación para alineacion de chakras es otra manera de lograrlo. Esta meditación también puede ayudar a conectarse más profundamente con la energía que fluye a tu alrededor.

Comienza sentando en un área libre de distracciones. Siéntate cómodamente, pero mantén tu columna alineada para que los centros de energía de tu cuerpo están uno sobre el otro. Cierra tus ojos para minimizar distracciones; no necesitarás 'ver' fácilmente tus chakras.

Comienza en los pies, con el chakra Estrella de la Tierra. Imagina que hay una bola de energía negra o marron aquí. Concéntrate en tu respiración, mientras esta bola de energía crece hasta alcanzar el tamaño de una pelota de playa y siente el latido de la Tierra mientras este chakra fluye a través tuyo.

Luego, concéntrate para mover esa bola hacia tu columna inferior, donde está el chakra raíz. Aqui deberia haber una bola de energía roja y brillante, que comenzará pequeña como la primera bola de energía, pero se irá expandiendo con tu respiración.

De ahí, sigue el mismo proceso para avanzar hacia el chakra sacro, que tiene un brillo naranja y está ubicado cerca del ombligo. Luego está el plexo solar, ubicado debajo del pecho y de color amarillo. Esta energía provendrá del calor de sol.

Luego, siente crecer el chakra del corazón mientras respiras. La energía de este chakra es verde. Del chakra del corazón, avanza hacia la energía azul del chakra de la garganta. Permite que estas energías se expanden hasta alcanzar el tamaño de una pelota de playa.

Luego concentras tu atención en el tercer ojo. El tercer ojo es de color índigo, más claro que el azul del chakra de la garganta. Puede llevar más tiempo alinear este chakra, debido a la poderosa energía que genera el chakra Ajna. una vez que se alinea con los demás chakras, avanza hacia arriba, hacia el vibrante color violeta del chakra de la corona.

Cuando los chakras están alineados, concentra tu atención en el área que se encuentra a unos 15 cm por encima de tu coronilla. Esta energía te conectara con los reinos galácticos, así como la energía negra/marrón de tus pies te conecta con la tierra. Suele tener una luz de color blanco, dorado o platino.

Cuando todos los chakras están balanceados, toma un momento para agradecerte por estar presente con los chakras. Nota el amor que sientes por ti mismo y el mayor sentido de conexión que sientes con el mundo. Cuando sigas con las actividades del dia, recuerda estar más presente y conectarte con esa energía.

Cuando realizas esta meditación, una cosa que puedes notar es que uno de los centros de energía tal vez no llegue al mismo tamaño de pelota de playa que alcanzaron los demás chakras, sin importar cuánto lo intentes. Esto suele suceder por un desequilibrio o el agotamiento de la energía en ese centro. No ignores esto; presta atención a cuál chakra es y luego concéntrate en realinear.

Capítulo 6: Más consejos prácticos para abrir el tercer ojo

El deseo de abrir el tercer ojo es un gran lugar para comenzar porque establece tu intención y compromiso con lo que haces. Sin embargo, no llegarás muy lejos solo con desear que se abra. Necesitas concentración en tus prácticas de meditación y la habilidad de conectar con el tercer ojo mientras avanzas con tu dia. Descubrirás que tu tercer ojo no solo se abre cuando estás tratando activamente de abrirlo, sino en todo momento. Mientras más te concentres, más activo estará. Para darte las mejores posibilidades de éxito, considera adoptar alguno de estos hábitos.

Medita durante el dia (no solo cuando estás tratando de activar el tercer ojo)

La meditación es fundamental para abrir el tercer ojo, especialmente cuando estás practicando activamente. Si nunca antes has meditado, puede ser difícil lograr la mentalidad adecuada para concentrarte mientras te relajas.

En lugar de comenzar a meditar para tratar de abrir el tercer ojo, practica la meditación de antemano.

Las personas con vida muy estresantes pueden experimentar problemas para meditar al principio. Práctica acallar tu mente durante el dia. Para lograr la meditación, siéntate en un lugar tranquilo y enfócate en tu respiración. Si tu mente se aleja, elige una sola cosa en que concentrarte. Imagina una manzana o una pelota de tenis en tu mente, con todo detalle. Observa ese objeto hasta que se vaya de foco. No pienses en nada, solo enfoca tu respiración y mira el objeto. Con el tiempo, no necesitarás visualizar un objeto. Puedes enfocarte en tu respiración y escuchar tu mente en silencio, mientras el mundo alrededor tuyo se desvanece. Siéntete orgulloso si logras hacer esto aunque sea por un minuto; la duración irá aumentando con la práctica.

Practica la atención plena en tu vida diaria

Piensa en la última vez que pasaste tiempo con tu familia o tus amigos. ¿Cuántas veces miraste tu teléfono? ¿Cuántas veces alguien tuvo que repetir lo que te dijo porque no estaba prestando atención realmente? Ahora, considera como haces trabajos del hogar o como te diriges a tu trabajo. ¿Notas como los músculos de tu brazo se mueven mientras friegas un plato? ¿Ves tu entorno cuando viajas a tu trabajo? ¿Y qué sucede en tu tiempo libre? ¿Te duchas solo porque necesitas limpiarte o notas como se siente el agua cuando recorre tu cuerpo?

Cuando te sumerges en tu entorno en forma sistemática

comenzaras a sentir una mayor realización en tu vida. Estar atento o 'mindful' no es una simple práctica, es un estilo de vida. Te ayuda a sumergirte en tu entorno y vivir tus experiencias al máximo. ¿Cuántas veces al dia dejas que tu mente vague? ¿Notas que ves lo que te rodea cuando conduces o estás pensando en el dia que te espera? Cuando paseas a tu perro, ¿estás al teléfono chequeando tu correo o disfrutas de la sensación del suelo bajo tus pies y el jadeo satisfecho de tu perro? La mayoría de la gente funciona en piloto automático, sin experimentar realmente lo que están haciendo. Esto lleva a una sensación de insatisfacción y te aleja de la experiencia que es la vida.

En lugar de seguir tu rutina típica, hazte el hábito de sumergirte conscientemente en lo que haces. Siente cómo se mueven tus músculos cuando escribes, o cuando haces tareas domésticas. Presta atención al latido de tu corazón cuando sales a caminar y mira el paisaje cuando conduces. Si te cuesta salir del modo piloto automático, altera tu rutina. Comienza a pasear tu perro en las mañanas en lugar de a la noche o toma un camino diferente al trabajo. Modificar tu rutina te sacará del piloto automático.

También debes hacerte el hábito de recordar no dejar a tu mente vagar por ahí. Acuérdate, cuando tus pensamientos se vuelvan errantes, que el pensar sin rumbo no es tu objetivo en este momento. No deberías estar resolviendo problemas, sufriendo el estrés del dia o pensando en lo que tienes que hacer cuando termines de meditar. No juzgues o cuestiones tus pensamientos; déjalos ir.

Refuerza las conexiones del tercer ojo

La conectividad al flujo de energía vital que te rodea y la conectividad aumentada con la parte creativa del cerebro son efectos de la activación del tercer ojo. Tiene sentido, por lo tanto, que al realizar actividades creativas o pasar tiempo en la naturaleza, puedas incrementar tu conectividad al tercer ojo; es ahí donde sientes la conexión con todo lo que te rodea.

Estar atento al mundo ayuda a sintonizar la energía del mundo a tu alrededor, sin importar lo que estés haciendo. Esto es especialmente cierto cuando estás en la naturaleza. Hazte el tiempo para caminar por el bosque o ve a un estanque y sienta la presencia de la vida ahí. Escucha a las ardillas y otras criaturas del bosque; escucha el canto del sapo y el sonido de los peces al saltar en el agua. Ve al parque y mira a los perros correr y jugar con los niños, mientras el pasto tiembla bajo sus pies y las mariposas bailan sobre los arbustos. Mirar el cielo puede también aumentar este sentido de conectividad y darte perspectiva: tienes un papel pequeño, pero importante en la dinámica de la energía del universo.

La creatividad también traspasa los límites de la mente racional y te ayuda a abrirte a las posibilidades. Lo bueno de la creatividad es que no necesita ser algo complicado; empieza por lo pequeño, como usar tu tiempo libre para colorear o escuchar música que normalmente no escucharias. Esto abre el canal de tu mente, brindándote una mayor capacidad de traspasar los limites logicos que te han impedido abrir el tercer ojo en el pasado.

Práctica Grounding

El grounding es una técnica útil para lograr la calma y la paz necesarias para abrir el tercer ojo. Esta práctica incluye plantarse firmemente como uno con la tierra. Sentarse sobre el suelo o pararse descalzo sobre él suele ayudar, especialmente si estás en contacto directo con la tierra. Respira profundo mientras meditas y relajas tu mente. Imagina la sensación de un árbol que crece, con las raíces saliendo de tus pies y adentrándose en la tierra, manteniéndote enraizado y estable. Esto ayuda a crear un centro de concentración cuando estés listo para intentar abrir el tercer ojo.

Esta técnica es esencial para que la energía fluya por tu cuerpo. Cuando estas conectado a tierra, la energía fluye sin inhibiciones a través de tus chakras y desde ellos. Te da una base sobre la que construir. Cuando encuentras tu centro y te conectas a tierra, te aseguras de que tienes una base sólida, lo que te da el estado mental necesario para volar.

Consejo para elegir un maestro

Cuando aprendes a abrir el tercer ojo de otra persona, siente un nivel de conexión con sus energías más profundo. Puede resultar útil tener alguien que te guíe durante el proceso de abrir tu tercer ojo, sobre todo si tienes dificultades para concentrarse o no estas seguro acerca de las técnicas que estas utilizando. Trabajar con un maestro te da un tipo de práctica guiada, así como también la confianza de que es posible conectar con el tercer ojo.

Hay muchos factores que entran en juego para elegir un maestro. Es importante recordar que, la persona con la que decidas trabajar debe tener una energía que coincida con la tuya, para que alcanzar el tercer ojo sea más fácil, en lugar de más difícil. Recuerda el capítulo que hablaba de naturalezas y lo que tu quieras lograr con el tercer ojo. Ten en mente que la experiencia que tengas con un maestro depende de si sus naturalezas están alineadas. Tener el mismo objetivo puede reforzar la conexión y hacer el proceso más fácil para ti.

Lamentablemente, el problema de usar un maestro para ayudar a despertar tu tercer ojo es que los maestros no son fáciles de encontrar. No abrirás el directorio telefónico y encontraras a alguien que esté auténticamente conectado con el tercer ojo. Muchos de los psíquicos que existen no están verdaderamente conectados con su tercer ojo, sino que confían en pistas contextuales u otro tipo de indicio para obtener información.

Ten cuidado con los maestros que usan su ego para definir su habilidad. Parte de estar conectado al tercer ojo es estar conectado con el cielo y la tierra, y el caudal de energía que fluye a través de ellos. Alguien que está auténticamente conectado con su tercer ojo no hará alarde de sus habilidades ni te hará promesas acerca de lo que lograrán juntos. Otro punto a tener en cuenta es que un auténtico maestro del tercer ojo es difícil de hallar. Muchos de estos practicantes no trabajan como psíquicos o mágicos, sino que usan su tercer ojo para mejorar su vida y las vidas de quienes los rodean; sin embargo, no suelen revelar sus habilidades a los extraños, ya que no todo el mundo es receptivo o comprende la energía del tercer ojo. Es decir, alguien que ha logrado un alto nivel de activación de su tercer ojo no perderá sus habilidades solo porque alguien dude de ellas, pero la energía negativa aún puede tener efectos sobre su poder. Por otro lado, es bastante común que la gente que ha desarrollado una habilidad extra se sienta juzgada por el resto. Por su conexión con el tercer ojo, a menudo son juzgados y categorizados como un fraude.

Saber cómo cerrar el tercer ojo

¿Alguna vez te has sentido atrapado en una pesadilla? Tal vez sentiste miedo o tristeza, pero estabas congelado ahí sin poder despertar. Como el tercer ojo está conectado con el mundo de los sueños y tiene poder para conectarte con otros planos, es esencial saber cerrar el tercer ojo cuando te sientes abrumado.

El tercer ojo no tiene un párpado. Cerrar la conexión no será tan fácil como cubrir el tercer ojo con un párpado. Ten en cuenta también que, una vez abierto, esa conexión va a existir siempre. El 'cierre' del cual hablamos es, por lo tanto, aprender a controlar los sentidos del tercer ojo o, como mínimo, entrenar a tu mente para que ignore lo que se te presenta.

Mantras

Los mantras son usados comúnmente para abrir el tercer ojo, pero también para guiar su visión o cerrarlo cuando sea necesario. La gente que se siente abrumada por sus sentidos o que tiene visiones no deseadas suelen tener miedo de abrir el tercer ojo. Es importante controlar este miedo, para que no te supere. En lugar de eso, concéntrate en un mantra para disipar la oscuridad. Esto llevará tu viaje con el tercer ojo hacia la luz, creando una experiencia más positiva.

Una de las razones por las que algunas personas se inhiben con los mantras es la pronunciación. Muchos de ellos tienen su raíz en el sánscrito u otros lenguajes. Sin embargo, ten en cuenta que, como con cualquier lenguaje, la correcta pronunciación se hará más fácil con la práctica. Lo que importa es la intención detrás de lo que estás diciendo y lo que tu crees que es cierto. Sin embargo, la pronunciación puede ayudar también. Si no tienes un maestro, puedes buscar videos de personas pronunciando los mantras.

Kala Bhairava

Este mantra tiene su origen en las prácticas hawaiianas. Su traducción es la siguiente:

- Kala- tiempos oscuros

- Bhai- miedo

- Rava- destructor

Segun la tradicion hawaiiana, Kala Bhairava se manifiesta como el Señor Shiva y destruye la oscuridad y el miedo, al traer la luz y disipar la oscuridad con esa misma luz.

Los mantras son algo que debe ser practicado, aun si no has tenido un encuentro extraño. Repetir el mantra para ti a lo largo del día puede prepararte para cuando abras el tercer ojo. Cada vez que repitas Kala Bhairava, tendras la sensacion de luz y paz en tu alma.

Advertencia acera de cerrar el tercer ojo

Al cerrar el tercer ojo estás entrenando tu mente para ignorar las visiones o experiencias que estás teniendo. Esto se vuelve una segunda naturaleza con el tiempo; así como entrenaste a tu mente para ser receptiva al tercer ojo, puedes entrenarla para ignorar todo lo que ves.

Para mantener el ojo cerrado en forma permanente, recuerda que el juicio inhibirá la apertura del tercer ojo. Cancelaras el potencial del tercer ojo si lo juzgas o si escuchas las opiniones de la gente prejuiciosa a tu alrededor. Todo lo que tienes que hacer es decirte a ti mismo que el tercer ojo es un fenómeno imposible y que lo que ves son trucos de tu mente. Esto hará que el tercer ojo desaparezca rápidamente; pero sera muy dificil abrirlo nuevamente si entrenas a tu mente para creer que es imposible. Tienes que estar seguro de que eso es realmente lo que quieres antes de emitir juicio sobre el tercer ojo que elimine tus habilidades para siempre.

SECCIÓN III: TÁCTICAS PARA ABRIR EL TERCER OJO

Capítulo 7: Los mantras y el tercer ojo

Antes de comenzar con la meditación, puede ser útil practicar con mantras que utilizaras para invocar una mentalidad abierta. Los mantras te ayudan a lograr una mentalidad y pueden ser muy útiles para la meditación. Sin embargo, los mantras suelen estar escritos en sánscrito u otros idiomas. Puedes traducirlos, pero eso puede resultar en que el mantra pierda su cualidad mística, por lo que las traducciones no siempre funcionan. En lugar de eso, practica la pronunciación de los mantras antes de empezar a abrir el tercer ojo.

Una breve historia de los mantras

Al igual que la idea del tercer ojo, los mantras pueden encontrarse en muchas religiones y culturas del mundo. Los más antiguos conocidos fueron usados por las religiones Sikh, Buda, Jainista e Hindú hace unos 3000 años. Existen conceptos similares en el Taoísmo, el el Shingon japonés, tantra, Zoroastrismo y cristianismo.

Con el tiempo, los mantras han adquirido un uso no religioso, siendo muy populares en libros de autoayuda y mejoramiento personal. Ciertas afirmaciones, que son mantras personales, pueden ayudar a una persona a alcanzar sus objetivos.

Aun si la afirmación proviene del mantra, no son necesariamente lo mismo. Explicaremos las diferencias críticas más adelante en este capítulo. Por ahora, concentrémonos en la historia de los mantras.

Los primeros mantras conocidos por el hombre provienen de los Hindúes durante el periodo védico. El Periodo védico describe un periodo en el que los gurús y los escritores del mundo mostraban un interés en la poesía. El ritmo y las emociones evocadas por las palabras eran vistas como inspiradoras y divinas, y fueron estos sentimientos acerca de la poesía lo que llevaría el desarrollo de los mantras años más tarde. Siguiendo la era védica, hubo un periodo de 500 años en el que los mantras tradicionales Hindúes fueron escritos. Luego de este periodo vendría una gran diversidad, durante el periodo de la épica hindú donde la escuela del hinduismo adoptaría los mantras para fines educativos.

En el antiguo periodo védico, los mantras no eran sólo algo que se recitaba. Similar a la forma en que los usaremos para abrir el tercer ojo, eran usados en ciertos rituales. Por ejemplo, el mantra Bagalamukhi es para protección. Mientras recitas el mantra, usas un rosario y ropas, todo de color amarillo. Entonces, ofreces flores s Bagalamukhi, la deidad protectora. Era común entre los hindúes usar mantras para rezar a un dios específico por ayuda. Por otro lado, los mantras suelen repetirse un número determinado de veces para lograr el efecto deseado. El número 108 es muy popular en la religión hindú.

La evolución del mantra

El significado del mantra ha evolucionado. En las escuelas tántricas, los alumnos aprendieron que cada uno de los diferentes mantras significaba una deidad específica, es decir un dios o una presencia espiritual. A través de la repetición del mantra, la presencia espiritual al cual era dirigido causaría un cierto efecto.

Esto se extiende también a las escuelas budistas y jainistas. Luego, el uso de mantras mutó en la religión hindú, donde se pensaba que los mantras podían ayudar al alma a escapar el ciclo de vida y muerte de la reencarnación. Con el tiempo, los mantras evolucionaron de diferentes formas, como mantras hablados y cánticos, mantras Manasa, que son recitados pero no hablados; los mantras Upam Su son inaudibles y los mantras Nirukta no son enunciados.

Mantras tantra

Bajo las prácticas tantra, el tantra se deriva del universo, que está compuesto por diferentes niveles de volumen y frecuencias de sonido. La palabra del sánscrito Shabda se usa para describir esto, significa literalmente sonido del habla. Los mantras son considerados esenciales para las prácticas Tantra, y se clasifican en diferentes grupos dependiendo de la estructura y el largo. Por ejemplo, un mantra de una sola sílaba que termina en un sonido nasal recibe el nombre mantra Bija, mientras que los mantras que incluyen largas cadenas de sílabas se llaman mantras Mala. En general, estos mantras se usan para dirigirse a los diferentes dioses. En algunas ocasiones, se usan combinaciones de los nombres de los diferentes dioses para lograr un cierto efecto.

¿Qué es un mantra?

Es difícil encontrar una definición ya que los mantras tienen distintos significados en las diferentes culturas alrededor del mundo. Algunos mantras sirven para lograr un grado mayor de relajación durante la meditación, mientras que otros (como los usados en la meditación tantra) son considerados sagrados. Algunos mantras se basan en medidas musicales, mientras que otros son sonidos básicos que deben ser cantados o entonados.

La mejor definición general parece ser palabras o sonidos que crean ciertas cualidades en la mente, con el intento de obtener un determinado beneficio. Los mantras asociados al tercer ojo deberían profundizar la meditación y aumentar la activación del tercer ojo. También puedes usar mantras para cerrar el tercer ojo o invocar una cierta naturaleza, como se discutió en la sección previa.

Cómo funcionan los mantras

Algo tan arraigado en la historia que es practicado aún hoy en dia debe tener sus beneficios. De no ser así, los mantras no se seguirán usando después de tanto tiempo. La investigación muestra que hay varias formas en la que los mantras funcionan para evocar ciertas cualidades en la mente. A nivel espiritual, muchos maestros de la meditación sostienen que los mantras funcionan debido a la vibración. Los mantras que se usan durante la meditación incluyen gruñidos y zumbidos; esencialmente, sonidos que producen una vibración interna. Estas vibraciones se mueven a través de tu cuerpo, afectando la frecuencia y las vibraciones de las moléculas de tu cuerpo. Crea cambios moleculares que, cuando se unen a la meditación y las buenas intenciones, crean los resultados que experimentas en tu cuerpo.

El sentido de la audición ha evolucionado y la ciencia demuestra que esta evolución ha creado ciertas constantes que afectan nuestra percepción del mundo. Es una combinación de sílabas, gruñidos y tonos que se unen para formar un lenguaje. Esto puede verse tanto en humanos como en animales. Piensa en la forma en que los delfines o las aves se comunican. Los ecos son otro ejemplo de esto: piensa en una pelota rebotando en un estadio de basketball vacío. La reverberación y los ecos crean un sonido que es único, distintivo de la pelota y la cancha.

Los mantras son tan efectivos creando cambios en el cuerpo

porque son onomatopéyicos. Esto significa que escuchas el sonido que las hacen las palabras cuando las pronuncias, como una risa, una bocina de auto o un choque. El sánscrito es un lenguaje en el que las palabras son onomatopéyicas. Como la mayoría de los mantras, al menos los clásicos, se derivan del sánscrito, puedes escuchar los ecos de la naturaleza y del mundo a tu alrededor. Esto da lugar a la energía vibratoria que tiene el efecto deseado.

Cuando murmuras un mantra, crea eventos físicos en el cuerpo y en la mente debido a esos sonidos primordiales. A menudo se dice que son los ecos de la naturaleza atravesando tu cuerpo y tu mente. Tu intención tiene también mucho que ver con los efectos creados. Cuando repites un mantra, esperas un resultado específico. Esa es tu intención. La declaración de tu intención coloca la idea en tu mente y crea los efectos. Tu conciencia se entrelaza con el mantra y sus efectos y, de esa forma, crear un eco que producirá sus efectos. Todo tu ser se ve ahora afectado por tu pronunciación del mantra.

¿Por qué sánscrito?

Si estudias la historia del lenguaje, es claramente el más primitivo de los lenguajes. Por lo tanto, se formó en una era en la que las cosas eran menos complejas y los humanos estaban más familiarizados con los variados sonidos de la naturaleza. Por esta razón, el sánscrito es muy cercano a la naturaleza, y por eso interactúa con la naturaleza humana.

La principal diferencia entre los mantras y las afirmaciones

Anteriormente en este capítulo, comparamos los mantras y su evolución en el campo de la autoayuda como afirmaciones. Aunque las afirmaciones funcionan, ya que sirven para establecer tu intención e influenciar tus pensamientos, no tienen el mismo poder natural que tienen los mantras. Hay un potencial que tienen las afirmaciones de generar cambios, pero esto se debe a su significado en el campo de la neurociencia. No tienen necesariamente un significado natural, por lo que sus efectos no son tan inmediatos.

Los cuatro Koshas (niveles) del mantra

Los mantras tienen cuatro niveles, cada uno con una intensidad diferente. Cuando comienzas a practicar con mantras, es probable que no experimentes los mismos efectos que alguien que sabe cómo incrementar la intensidad. Obtendrás algún beneficio del mantra, pero no experimentarás los beneficios plenos hasta que profundices la intensidad.

Los cuatro niveles de los mantras se denominan koshas. Incluyen el significado literal, sentimiento, conciencia interna y sonido sin sonido. El nivel superficial es el significado literal. En este estadío, el significado del mantra es entendido, pero no a nivel consciente; se experimenta como una palabra básica

Luego está el sentimiento, que también es sutil. Sin embargo, recuerda el significado del mantra. En el kosha de conciencia interna, experimentarás el sentimiento interno del mantra. Aquí es donde comienzan los cambios moleculares, y se profundiza la experiencia con el mundo. El estadío final es el de sonido sin sonido. Aquí es donde experimentarás los mas profundos efectos del mantra. Reverbera hacia el interior y cambia tu conciencia por completo, permitiéndonos convertirnos en el mantra que repetimos.

El objetivo cuando meditas es moverse a través de estos cuatro niveles. A medida que profundizas la intención y continuamos meditando, el mantra debería profundizar su significado y deberías comenzar a sentirlo internamente.

El mejor mantra para abrir el tercer ojo

Abrir el tercer ojo tiene todo que ver con el potencial y las posibilidades. Es despertar la mente para alcanzar un nivel de percepción mayor y permitir que tu mente analice los detalles mínimos que nosotros pasamos por alto. Se trata de tener una apertura hacia el tercer ojo, hacer que tu mente sea receptiva a la información que te envía.

El sonido más común que ha sido asociado con los mantras de meditación, particularmente meditación para inducir un estado de conciencia e iluminación es el 'Om.' Si alguna vez has visto la meditación budista, probablemente has escuchado el sonido, ya que tradicionalmente se usa para abrir el tercer ojo.

Tomate un momento y crea el sonido con tu boca mientras respiras. Tus labios deben estar abiertos, y el sonido debe partir bien de adentro tuyo, como si la vibración llenará todo tu ser.

Si hay un sentimiento que puedes asociar con este sonido, es la apertura. Tu boca está abierta y el sonido es vacío y sin forma, por lo que tu cuerpo también está abierto y sin forma, creando infinitas posibilidades en su estructura molecular. Al producir el sonido 'Om' estás abriendo la puerta para convertirte en este ser sin forma con ilimitado potencial.

El canto del Om

El cántico Om a menudo se denomina mantra semilla o mantra beej. Lo Ideal es sentarse derecho de la forma en que estés cómodo, con las piernas cruzadas al "estilo indio." Aléjate de cualquier soporte, como paredes o sillas. Cuando estés listo, prepárate para la meditación con respiraciones profundas y dirige tu atención a la glándula pineal. Haz un 'Om' fuerte, sintiendo la energía fluir a través de ti y al chakra abrirse. la energía se moverá a través del tercer ojo en sentido horizontal, extendiéndose hasta fundirse con la expansión infinita del universo.

Aumenta tu volumen y canta un 'Om' más alto. Siente la energía del sonido mientras vibra en sentido vertical, desde tu coronilla hasta la planta de tus pies, hundiéndose en la tierra. Haz dos cánticos verbales más, luego di 'Om' mentalmente tres veces.

Continua con el canto del 'Om' verbal y mentalmente, el tiempo que desees. Esto aumentará tu concentración al mismo tiempo que el estrés y la ansiedad se desvanecen. El 'Om' es lo que se considera un cántico cargado, en el sentido de que tiene su propia energía. Resuena profundamente y llega hasta el chakra del tercer ojo, causando activacion instantanea. A partir del momento de la activación, la circunferencia del chakra crece y el cántico lo balancea. Este es el momento en que tienes el mayor potencial para mirar hacia adentro o hacia un sentido de realización más alto. Al combinar esto con la meditación tradicional del tercer ojo, la compuerta hacia la conciencia está abierta.

Capítulo 8: la meditación y el tercer ojo

Cada vez que se usa la meditación, es para generar un determinado estado de la mente. Algunas personas meditan para aclarar su mente, mientras que otras la usan para relajarse. Entre todas las funciones de la meditación, una es para activar el tercer ojo.

Si observas a los taoístas, budistas y otras culturas que, a través de la historia, han enfatizado la apertura del tercer ojo, notaras que la meditación es una práctica común a todas ellas. Esto es porque la meditación ayuda a la mente a llegar al estado de concentracion y relajacion al mismo tiempo. La meditación tiene el potencial de enfocar el tercer ojo, activandolo de una forma en la que jamas antes habia sido activado.

Elige la postura adecuada para la meditación

Si observamos las diferentes culturas donde se practica yoga o meditación, notaras que hay énfasis sobre la postura. Esto no necesariamente busca ayudar a la meditación, sino alinear los centros de energía sobre nuestra columna. Cuando meditas, necesitas que los chakras están alineados y energizados.

La columna es el centro del cuerpo. Es un conjunto de tejidos y nervios que viaja entre tu cerebro y el resto de tu cuerpo, dándote la conexión que necesitas para moverte y actuar. La columna es la raíz del sistema nervioso y provee a tu cuerpo de una estructura básica. Muchas culturas sostienen también que allí se encuentra el potencial del alma, debido a las moléculas de ADN y ARN que existen dentro. Estas moléculas de ADN y ARN contienen los códigos para determinar nuestro potencial en la vida.

Es por eso que deberías mantener tu columna derecha mientras meditas, y que debes buscar una postura cómoda. Si estas rígido y dolorido, será difícil concentrarte en la meditación. También se sentirá incómodo y antinatural, alejando tu mente de la experiencia natural que estas tratando de crear.

La posición más tradicional incluye sentarte sobre tus glúteos con las piernas cruzadas. También puedes meter los pies bajo tu cuerpo, sentándose derecho con tus glúteos sobre tus pies. Otras variaciones incluyen acostarse o permanecer de pie. Lo que realmente importa es tu comodidad y la correcta alineación de tu columna.

Prácticas meditativas para abrir el tercer ojo

Hay más de un tipo de meditación que puede usarse para inducir el estado de casi trance que puede abrir el tercer ojo. La práctica meditativa que uses dependerá de ti y de la forma en que tu cerebro esté configurado. Aunque la meditación ayuda a activar el tercer ojo, no todos pueden meditar de la misma forma y obtener los mismos resultados. Esta sección describe variaciones de meditación que pueden ayudarte a activar tu tercer ojo.

Meditación de tercer ojo básica

Esta es la más básica de las meditaciones del tercer ojo. Funciona mejor recostado en una habitación silenciosa, a oscura o iluminada, lo que sea menos distrayente. Antes de adentrarte en abrir el tercer ojo, comienza por cerrar tus ojos y liberar todas las preocupaciones del día. Inhala y exhala, imaginando que al exhalar expulsas tus dolores y preocupaciones.

Mientras tus inquietudes se alejan, vuelve tu atención al punto donde se ubica el tercer ojo, en el centro de tu frente. No lo mires con tus ojos físicos, sino con el ojo de tu mente. Luego, imagínate a ti mismo abriendo ese ojo. Al principio se sentirá difícil y extraño, pero es importante ser perseverante. Algunas personas ven una brillante 'luz' cuando abren el ojo, aunque no todas. Concéntrate en tu intención de abrir este ojo y deja que las cosas sucedan.

Practica esto diariamente, varias veces antes de avanzar al

siguiente paso. Cuando 'abrir' el tercer ojo te resulte más fácil, trata de usarlo para visualizar la habitación en la que estas. Ten cuidado de no abrir tus ojos físicos para hacer esto; puedes usar una máscara de tela o una venda sobre tus ojos si te ocurre con frecuencia.

Luego de haber abierto el tercer ojo exitosamente en esta forma podrás enfocar tu intención. Si quieres desarrollar una mayor intuición, investigar el futuro o el pasado, o lograr la proyección astral, entonces este es el momento de enfocar tu meditación en eso. Para lograr estas habilidades avanzadas del tercer ojo, puede ser útil buscar meditaciones específicas y técnicas para abrir el tercer ojo con el propósito elegido.

Meditación en el espejo

Para las personas que no pueden visualizar la luminosidad de su tercer ojo facilmente, meditar frente al espejo puede ayudarlos a lograr un estado abierto. Siéntate en la pose tradicional de meditación o siéntate derecho en una silla con los pies en el suelo. Ubicate enfrente de un espejo, de forma que veas con claridad tu cara y la parte superior de tu cuerpo.

Para meditar, comienza inhalando contando hasta cuatro y luego exhala también contando hasta cuatro. Presta atención a los detalles mientras inhalas y exhalas: deberías sentir tu estómago expandirse y contraerse por completo. Luego de varias respiraciones, tendrás una sensación de ligereza en tu cabeza, el resultado del incremento de oxígeno.

Mientras respiras, notaras que los pensamientos intrusivos desaparecen. Cuando tu mente está limpia, vuelve tu atención al punto donde se ubica el tercer ojo, entre tus cejas justo por debajo de la superficie de la frente.

Mirate en el espejo e imagina que hay una piedra o un círculo azul en tu frente. Visualiza esta piedra que brilla con luz azul o índigo: este es el tercer ojo transformándose en un centro de energía activado.

Meditación progresiva del chakra del tercer ojo

En cada paso de esta meditación progresiva, vas a enfocar tu atención en cada uno de los puntos debajo por entre tres y cinco minutos. También te concentraras en el sentimiento del tercer ojo y la relación y la conciencia del tercer ojo mientras te enfocas en cada área. Puedes sentarte derecho o con las piernas cruzadas, lo que sea más cómodo. A medida que 'sintonizas' cada área, deberá monitorearla sin prejuicios, simplemente experimentando sin tratar de controlarla demasiado.

Primero, vas a agudizar tu sensación de existir en el tiempo presente. Enfócate en las siguientes cosas, una por vez:

- Las sensaciones del medio a tu alrededor, como el viento suave o la sensación del almohadón o silla debajo tuyo.

- Las sensaciones de tu cuerpo como tu cuerpo se mueve

mientras respiras y el latido de tu corazón, así como también la conciencia de la presión de tu tercer ojo.

- Las emociones que recorren tu cuerpo y tu mente

- Los pensamientos que estas sensaciones provocan y cómo estas pensando

- Las afirmaciones 'Yo soy' que experimentas, por ejemplo 'Yo soy fuerte' o 'Yo soy capaz' en lugar de 'Yo soy estúpido' o 'Yo soy incapaz de hacer algo bien.'

- Las impresiones y recuerdos que llegan de tu subconsciente, en respuesta a tus patrones emocionales y de pensamiento.

- El tiempo presente y como se guarda en tu memoria para el futuro.

Una vez que has dedicado atención a todas estas áreas de tu existencia presente, es tiempo de enfocarse en los chakras, y eventualmente el tercer ojo. Comenzando por la base de tu columna vertebral, pasa de 3 a 5 minutos concentrándose en cada uno de los chakras. Muévete de la base de tu columna al punto detrás de tu ombligo, luego hacia el plexo solar. Desde aquí, vas a concentrar tu atención en el chakra del corazón y el chakra de la garganta antes de avanzar hacia el chakra del tercer ojo.

Enfócate con toda tu intención en la energía que fluye a

través tuyo y dirígela al chakra Ajna. Si has pasado tiempo meditando, puede ser que ahora veas una luz que procede de tu tercer ojo. Di con confianza 'Estoy sentado en el asiento del verdadero ser. Detrás de mis ojos hay una luz radiante que representa mi conciencia. Me he convertido en esa conciencia.'

Manten tus ojos cerrados mientras vuelves tu concentración hacia el adentro, concentrando tu atención en la conciencia dentro tuyo. Pasa todo el tiempo que quieras en ese estado de conciencia. Cuando estés listo para volver a tu estado normal, pasa un minuto o dos en cada uno de los estados que te han llevado a tu meditación del tercer ojo. Muévete a través de los chakras y luego enfócate en tu situación presente de percepción del mundo. Esto ayudará a conectarte con la tierra, trayendo una sensación de calma y paz mientras entras al mundo de la percepción.

Meditacion de tercer ojo con objetos

A lo largo de nuestra vida nos enseñaron a ajustar nuestra percepción del mundo a lo que ven nuestros ojos físicos. Cuando comienzas a practicar esta meditación, tal vez te resulte difícil cerrar los ojos físicos y enfocarte en la nada.

Una forma de ayudarte a hundirte en el estado mental correcto es usar un objeto físico para focalizar nuestra intención. Las bolas de cristal o esferas son una buena opción, como también lo son las velas.

Los místicos han usado esferas de cristal para practicar su arte por cientos de años. La explicación se encuentra en la forma y estructura molecular del cristal, que no tiene un patrón real. Cuando miras en su interior, su falta de patrones permite buscar energías y patrones. Te fuerza a mirar dentro tuyo y encontrar ahí lo que estás buscando ya que la esfera no tiene nada grabado por el mundo físico que la rodea.

Las velas son otro objeto sin forma ideal como punto focal durante la meditación. Esto es especialmente cierto porque el fuego puede verse como un tipo de energía. La mirada fija puede usarse sobre cualquier objeto, pero una vela es un gran punto fijo. Se llama Trataka. Cuando te sientas a mirar una vela, deberías hacerlo en una habitación con luz tenue. Ubica la vela en una superficie cercana al nivel de los ojos, casi enfrente de ti. Respira profundo mientras fijas tu atención en la llama y la sostienes en tu mirada. No deberías tratar bloquear tus pensamientos, simplemente déjalos ser hasta que eventualmente desaparezcan. La observación de una vela (o cualquier tipo de observación fija) puede traer lágrimas a tus ojos. Solo parpadea y luego regresa a tu contemplación. Cuando pestañees, cierra los ojos pero visualiza la imagen en tu mente, como si estuvieras viéndola con el tercer ojo. Mantén los ojos cerrados mientras la imagen de la vela permanezca en tu mirada, con el objetivo de incrementar el tiempo. La observación de una vela es una de las meditaciones más poderosas para estimular la glándula pineal, permitiéndole incrementar la concentración y desarrollar tus habilidades psíquicas.

¿Qué tan seguido debo meditar?

Una cosa que la gente siempre quiere saber cuando comienzan a hacer algo es qué tan seguido debería hacerlo. La realidad es que el tiempo que te tomó obtener resultados de la meditación Ajna depende de varios factores, que incluyen qué tan activado esta tu tercer ojo, tu sentido natural de la percepción y la conciencia y cuánto tiempo has estado practicando meditación y mindfulness.

En general, meditar 20 minutos al día, con la intención de abrir el chakra Ajna, es suficiente para producir resultados en unas pocas semanas. Deberías acompañar tu meditación con algún otro ejercicio de los recomendados en este libro.

Como saber si tu tercer ojo está abierto. Una de las preguntas más frecuentes al tratar de abrir el tercer ojo es como saber si uno ha tenido éxito en activarlo. El chakra Ajna puede ser sutil en ocasiones, por lo que puede ser que al principio no te des cuenta que está abierto. Aun así, hay algunas cosas a las que puedes prestar atención para ayudarte.

Sensaciones físicas

Cuando el chakra Ajna ha sido activado a un nivel más profundo, notarás una sensación entre las cejas. Este despertar de la conciencia se sentirá apagado, al menos al principio. Será una leve presión, ni dolorosa ni especialmente vívida. Otras personas han descrito esta sensación como una tibieza o un leve tacto.

La sensación física del Ajna chakra no siempre aparecerá cuando estés meditando. Puedes estar teniendo pensamientos del tipo espiritual, o tal vez estés pensando en algo sin ninguna relación. Si esto sucede mientras estás realizando tus actividades cotidianas, consideralo un recordatorio. El chakra Ajna puede estar tratando de traer tus pensamientos de nuevo hacia la espiritualidad.

Cambio gradual y persistente

Sintonizar tu tercer ojo tendrá un efecto positivo en todas las áreas de tu vida. Cambia tu perspectiva de las cosas y te brinda mejores percepciones. Hasta es posible que descubras que activar el chakra Ajna cambia tu personalidad, haciendo que el cambio positivo sea fácil y sin esfuerzo. El cambio sucede porque tu lo deseas, no es forzado ni obligado. A menudo se manifiesta en la forma en que interactúas con los otros. Es probable que te veas a ti mismo más proclive a dar, y menos enfocado en ti mismo.

Intuición

La gente con gran intuición a menudo saben que algo está por suceder, antes de que en efecto suceda. Tal vez una llamada telefónica confirme sus sospechas al darles una mala noticia o un evento hace realidad su mala o buena sensación acerca del dia. La intuición puede entenderse como una especie de previsión; al principio se da en olas, creciendo por momentos sin previo aviso. El sentimiento se fortalece con el tiempo y eventualmente te servira de guia en la vida.

Mayor conexión con tus habilidades y tu ser interno

Pocas personas se dan cuenta de que hay dos versiones de ellos mismos. Está el ser conciente, que es aquel que tratas de ser; es como todos te ven. Debajo de todo esto yace tu verdadero ser, en el subconsciente. Cuando activas el tercer ojo, creas una conexión más profunda con tu ser interior, que puede describirse como tu espiritualidad pura, la chispa del universo que eres tu por completo.

Cuando te conectes con este sentido mayor del ser, cambiará la manera en la que miras al mundo, así como también la forma en la que te percibes a ti mismo. Encontraras confianza y fuerza en ser la persona que eres en el núcleo de tu ser. esta nueva confianza te abre al mundo, demostrando que tienes infinito potencial.

La aparición de las luces

Todas las señales anteriores se basan en sentimientos, que pueden ser sutiles y difíciles de identificar al principio. Cuando has activado el chakra Ajna a un nivel más alto, algo que no podrás ignorar es la visión de las luces. Cuando meditas activamente, puedes ver una luz que proviene de tu ojo espiritual. Cuando comienzas a verla, suele presentarse como una luz circular.

Cuando tu meditación se profundiza y crear una conexión más fuerte con el tercer ojo, las luces pueden manifestarse en su totalidad. Cuando esto suceda, verás una esfera azul oscuro, con un círculo dorado a su alrededor y una estrella blanca de cinco puntas dentro de la esfera.

No puedes apurar la activación del chakra Ajna

Algunas de las teorías acerca del tercer ojo sostienen que el chakra Ajna no puede ser activado hasta que tu alma esté lista para abrirse a ese nivel de percepción. Los budistas, por ejemplo, creen que puede tomarte muchas vidas hasta lograr alcanzar el nivel más alto de su ser, activando el tercer ojo a su máximo potencial.

La única forma en la que lograrás abrir el tercer ojo en el curso de tu vida es practicando meditación a diario. Estar atento y enfocado mientras realizas tu rutina diaria y participar en experiencias relacionadas con el chakra Ajna (como ser creativo) pueden ayudarte a lograr tu objetivo más rápidamente. También debes ser consciente de los cambios sutiles que ocurren en tu vida cuando empiezas a activar el tercer ojo. Estos cambios te darán la seguridad de que estas en el camino correcto.

Capítulo 9: Posturas de yoga que abren el tercer ojo

Otra práctica común que practican las personas que quieren abrir el tercer ojo es el yoga. El yoga alinea la mente, el cuerpo y el alma. Practicar yoga tiene una serie de beneficios, tanto mentales como físicos.El yoga tiene también el potencial de afectar la mente a un nivel profundo, conectando con los centros de energía del cuerpo a través del momento físico, la respiración y la concentración.

Las posturas para activar el tercer ojo. Aunque todo tipo de yoga tiene sus beneficios, algunos tipos profundizan específicamente la conexión con el tercer ojo. Hacen más profunda tu concentración y afectan los centros de energía del cuerpo, sanándolos y permitiendo el libre flujo de energía entre ellos.

Vajrasana (Pose del rayo)

Esta pose proviene de una similitud con la diosa Indra, conocida por su uso de rayos como armas. El rayo se usa como un arma en esta postura de yoga, ya que se dice que nos ayuda a deshacernos del crítico en nuestro interior y la voz que dice que no somos lo suficientemente buenos. Esto es particularmente ventajoso si estas dudando de tus habilidades para acceder al tercer ojo, ya que silencia al crítico interior. Esta postura intenta llevarte a un punto de observación, donde observas estos pensamientos críticos sin involucrarte en ellos. A través de la observación silenciosa, aflojas el poder de estos pensamientos y los dejas ir, permitiendo a tu espíritu sanar y sentirse entero.

Para ponerte en la posición del rayo, vas a sentarte sobre tus talones. Separa las rodillas siguiendo el ancho de tus caderas y siéntate con la columna derecha. Una vez en posición, libera tu peso de forma que tu columna se relaje, pero permaneciendo derecha. Luego, vuelve tu atención a tu respiración, subiendo tu columna con cada inhalación.

En lugar de mirar hacia la nada como harías cuando intentas activar el tercer ojo, debes observar un punto en el piso a aproximadamente 4 pies (1.20 m) del lugar en el que estás sentado. No te comprometas con tus pensamientos; observalos flotar como si fueran las nubes que miras en un dia soleado. No quieres darles poder al comprometerse emocionalmente con tus pensamientos; en lugar de eso, déjalos flotar en la dirección que quieran tomar. Eres un observador distante, tomando parte de la conciencia 'testigo.'

Este es un estado de conciencia donde tienes el supremo poder de observar sin involucrarte. Notaras patrones en el mundo a tu alrededor y aprenderás a tomar decisiones acerca de las cosas que sirven a tu vida. Esto te guiará en las costumbres de la paz, compasión, gozo y conocimiento interno.

Balasana (Pose del niño)

Esta postura es una gran manera de 'hundirse' en la meditación del tercer ojo, debido a la ubicación del tercer ojo y la acción de la postura, que es con la frente tocando el piso. Comienza como si fueras a adoptar la posición del rayo o comienza por arrodillarte en el piso. Toca tus pies con tus caderas, esto es esencial para continuar con la postura de yoga.

Luego, dobla tu cuerpo hacia adelante y estira tus brazos hacia adelante, hasta que tus palmas y antebrazos descansen sobre el piso. Tu frente debería reposar entre tus brazos, tocando el piso. Mientra yaces en la postura del niño, toma 5/7 respiraciones. Cada vez que respires, libera la tensión de tu cuerpo y enfócate en la suave presión del piso en tu tercer ojo. Esto te llevará a un estado de meditación más profundo y reforzará la conexión con el chakra Ajna.

El movimiento de unir el punto entre las cejas con el suelo es profundo, ya que ayuda a liberar cualquier negatividad que puedas estar sintiendo. También es una posición semi invertida, lo que ayuda al tercer ojo a restablecer el balance llevando el adecuado flujo de sangre al cerebro.

Adho Mukha Svanasana (Perro boca abajo)

Esta posición suele hacerse antes de pararse sobre la cabeza, ya que ayuda a facilitar el movimiento hacia esa posición, aumentando en forma gradual el flujo de sangre hacia la cabeza. Es un muy buen lugar para comenzar con la meditación del tercer ojo, ya que el incremento del flujo sanguíneo a la cabeza también incrementa el volumen de sangre disponible para el chakra Ajna.

Para llegar a esa postura, comenzaras en el piso sobre las palmas de las manos y las rodillas. Mantén tu espalda recta. Luego, avanza con tus manos hacia adelante mientras estiras tu columna, manteniendo tus palmas sobre el suelo. Una vez en posición. separa tus dedos para incrementar tu soporte.

Inhala y luego exhala, levantando tu coxis y glúteos mientras exhalas y manteniendo las piernas extendidas. Mantén tus pies completamente apoyados en el suelo, luego estira tu coxis, alejando de tu pelvis. Sigue elevando tus glúteos hasta que tu cuerpo forme una 'V' invertida. En esta posición, tus rodillas deben sentirse fuertes, pero no rígidas e inmóviles, y lo mismo aplica a tus codos y brazos.

Esta postura suele sostenerse 2 a 3 minutos. Calma la mente y simultáneamente da energía al cuerpo.

Makarasana (Postura del delfín)

Esta postura es una variación del perro boca abajo, y logras esta posición comenzando en la postura del perro boca abajo. De ahí, flexiona tu brazo hasta que el codo se apoye en el suelo, con el antebrazo presionado sobre el suelo. Tus codos deberían estar separados al ancho de los hombros, y tus piernas y rodillas deben estar derechas, aunque no trabadas.

Una vez en posición, siente los omoplatos moverse hacia tus costillas y eleva tus hombros para que estén por encima de tus orejas. Tambien deberias mantener la pelvis presionada, con tus talones apoyados contra el suelo. Mantén esta posición durante 5-7 respiraciones profundas, enfocando tu atención en el chakra Ajna mientras lo haces.

La posición del delfín es restauradora. Ayuda a estirar la espalda, tendones, brazos y hombros y revierte el flujo sanguíneo, dirigiendolo hacia la cara y el cerebro. Es altamente recomendable en momentos de estrés.

Virasana (Postura del héroe)

La postura del héroe toma su nombre de la imagen del héroe sentado tras conquistar al enemigo, de la misma forma que te sentarias para conquistar tus luchas e inquietudes internos. En algunas escuelas de yoga, también se la denomina postura del guerrero. Hay algunas similitudes con la postura del rayo; la principal diferencia radica en si los pies se tocan o se deja un espacio entre ellos.

Lo más fácil es comenzar como si fuera a adoptar la postura

del rayo. Separa tus pies de forma que quede un espacio entre ellos y baja tus caderas lentamente. El objetivo es sentar en el suelo entre tus talones. Sin embargo, deberías parar si sientes dolor. Si ese es el caso, siéntate en una postura más suelta, que te resulte cómoda.

Mientras estás sentado, deja que tu columna se alargue, desde la coronilla hasta el coxis. Lleva tu ombligo hacia adentro y estira tu coxis hacia abajo, hacia el suelo, para profundizar el estiramiento. Siéntate por 5 a 10 minutos, o hasta que la posición comience a sentirse incómoda. Respira de forma profunda y calmada para relajar la mente.

Salamba Sarvangasana (Postura de la vela)

La postura de la vela es más fácil que algunas de las poses más avanzadas que brindan los mismos efectos. Los soportes que uses pueden ser dos bloques pequeños o dos toallas dobladas de 30 cm de ancho por 60 cm de largo. Ubica una estera o colchoneta antideslizante sobre ellos para sostenerlos en su lugar. Los soportes deben estar a una distancia que permita a tus hombros descansar cómodamente sobre ellos.

Cuando tus soportes estén listos recuéstate sobre ellos, con tus hombros apoyados, junto al lado más largo del soporte. Apoya tus ,amos junto a tu torso y luego flexiona las rodillas, ubicando tus pies de forma que tus talones estén cerca de tus glúteos y tus pies estén derechos. Inhala cuando te pones en posicion y luego exhala, presionando tus brazos contra el suelo y empujando tus pies, lo que elevará los muslos de forma que estén más cerca del abdomen.

Luego, curva tu pelvis hacia el cielo. La parte posterior del torso debe seguir, simultáneamente guiando tus rodillas hacia arriba y hacia tu cara. Estira tus brazos mientras haces esto, dandote soporte mientras los giras, de forma que tus dedos estén contra el suelo detrás de tu espalda. Luego, usa tus palmas para presionar la parte posterior de tu torso, y eleva tu cuerpo en el aire, de forma que tu pelvis esté sobre tus hombros y tengas un ángulo perpendicular entre tu torso y el suelo. Pasa tus manos por tu espalda para profundizar el estiramiento, tratando de asegurarte de que tus codos no se abran más allá del ancho de tus hombros.

Cuando inhalas, levanta tus rodillas y alinea tus muslos con el resto de tu torso, permitiendo que tus talones cuelguen hasta tus glúteos. Gira la parte superior de tus muslos ligeramente hacia adentro mientras presionas tu coxis hacia arriba y estiras aún más tus piernas. Mira suavemente tu pecho una vez en posición, afirmando tus hombros contra tu espalda y suavizando tu lengua y garganta. Eleva la parte superior de tu columna, alejándose de la estera.

Los principiantes suelen sostener esta postura 30 segundos. respira profundamente varias veces mientras estás en posición, aumentando el tiempo 5 o 10 segundos cuando te sientas cómodo. Esta es una postura que debe sostenerse entre 3 y 5 minutos. Cuando quieras salir de la postura, exhala mientras flexionas las rodillas y bajas tu torso hacia el suelo, asegurandote de mantener tu cabeza apoyada en el suelo todo el tiempo.

Esta postura crea una profunda conexión con el tercer ojo debido al intenso flujo de sangre al cerebro y la glándula pineal. También puede ayudar a poner el foco en el punto que necesitas para estimular el tercer ojo.

Qué tan a menudo deberías practicar yoga para estimular el tercer ojo

No necesitas dedicar horas cada semana al yoga para sentir los efectos.

Si bien puedes practicar yoga tan seguido como quieras, prácticas diarias de 20 minutos son suficientes para obtener los beneficios asociados al tercer ojo. Si no puedes comprometerte a eso, trata de que sea tres veces por semana. Lo que realmente importa es que hagas el esfuerzo, que es un paso hacia abrir el tercer ojo.

Capítulo 10: Los cristales y el chakra Ajna

Cristales que pueden activar el tercer ojo

Muchas culturas alrededor del mundo enfatizan el poder de los cristales. El término 'cristal' se usa para describir una gema o piedra preciosa o semipreciosa con una estructura molecular cristalina. La estructura de un cristal es lo que, según se dice, la da su poder, permitiéndole absorber, refractar y transformar diferentes tipos de energía.

Así como ciertos chakras tienen colores asociados a su energía, el color de ciertas piedras se relaciona con determinadas energías. Notarás que las piedras azules y violetas son comunes en esta lista y eso es porque atraen las mismas energías que fluyen a través del tercer ojo. Entre las piedras que benefician al tercer ojo y las energías que quieres atraer durante la meditación del chakra Ajna se encuentran:

- **Amatista**: la amatista tiene una cualidad mística que afecta tanto el tercer ojo como el chakra de la coronilla. Funciona para la meditación de atención plena por sus propiedades relajantes. También ayuda a aliviar el estrés, que puede ser un obstáculo para abrir el tercer ojo.

- **Pietersita**: esta gema suele ser confundida con el ojo de tigre por sus remolinos azules y naranjas. Sus propiedades le permiten tomar conceptos espirituales y traducirlos en ideas fáciles de comprender en los reinos mental y físico. Ayuda al trabajo de visualización y también brinda la habilidad de reconocer la verdad en situaciones y ofrecer una guia interna.

- **Lapislázuli**: Para las personas que intentan acceder a la intuición y las habilidades psíquicas, la piedra lapislázuli es una gran compañía para su meditación, Nos ayuda a desprendernos de nuestro estado de existencia consciente en el reino presente y abre la mente. El azul del lapislázuli suele estar entrelazado con pirita de hierro dorada, que protege de influencias dañinas a la vez que crea una conexión entre la mente y los caminos del alma.

- **Sodalita**: si te cuesta tranquilizar tu mente, la sodalita puede serte útil. Ayuda a acallar los pensamientos, induciendo un estado de calma sobre la mente. Los tonos de la sodalita son índigo, que atrae las energías del tercer ojo. El cuarzo blanco, que ayuda a alinear la mente con tu ser superior, puede ser encontrado en la piedra. Es una de las piedras más usadas para el tercer ojo debido a su profundo color azul.

- **Covelina**: el color índigo de la covelina fortalece su conexión con el tercer ojo. Es conocida por el papel que juega en el progreso espiritual, dándote acceso a información de vidas pasadas, realizando trabajos de observación y comprensión de los desafíos kármicos. Te ayudará a lo largo de tu viaje a través del trabajo espiritual.

- **Prehnita**: el color verde de esta gema la vuelve similar al chakra del corazon, aunque tambien interactua con el tercer ojo, incrementando tu sentido de la intuición. El mejor uso de la prehnita es mantenerla cerca mientras duermes,donde puede aumentar tu conocimiento subconsciente.

- **Fluorita violeta:** esta piedra semipreciosa estimula la energía del tercer ojo y balancea el chakra. También promueve sentimientos de concentración, claridad mental e intuición, a la vez que hace desaparecer la negatividad

- **Iolita**: la piedra iolita suele ser de color violeta, y sus poderes tienen varias aplicaciones místicas. Se usa para toda forma de visualización, incluyendo visiones chamánicas, proyección astral y meditación guiada. Es especialmente útil para conectar con el conocimiento interno y la intuición.

- **Zafiro**: el zafiro tiene un profundo color azul que lo hace ideal para canalizar la sabiduría interior y una mayor intuición. También se lo conoce como una gema que ayuda a conectar con la guia del reino espiritual, así como también a integrar las energías espiritual, mental, emocional y física para equilibrar los desequilibrios emocionales.

- **Shungita**: es la piedra ideal para las personas que luchan con emociones escondidas o un bloqueo del tercer ojo. La forma en que esta piedra neutraliza la energía la convierte en ideal para la sanación del chakra Ajna. La shungita ayuda a crear un espacio seguro para lidiar con la emociones.

- **Moldavita**: esta piedra tiene un tono verde oscuro, a diferencia de la mayoría de esta lista. La clave de esta piedra es la forma en que limpia y aclara la energía negativa para restaurar el equilibrio no solo del tercer ojo sino de todos lo chakras. También se la conoce por estimular la glándula pineal, brindar una mejor perspectiva y aumentar tu habilidad de soñar y de recordar tus sueños.

- **Dumortierita**: este cristal tiene un color índigo. Puede ayudarte a concentrarte para abrir el tercer ojo al alinear los pensamientos y acciones de tu mente consciente con los objetivos de tu ser superior. Te conecta con la verdad interna y la sabiduría infinita, dando una mayor conexión con el mundo espiritual y aumentando tu confianza y empatía en el mundo físico.

- **Tanzanita**: esta piedra color azul oscuro tiene efectos suaves sobre la mente pero incrementa tu fe en todas las posibilidades a tu alrededor. Tiene una cualidad mística que infunde fe en el tercer ojo, lo que puede profundizar tu conexión espiritual y aumentar tus visualizaciones.

- **Obsidiana negra**: el poder de esta piedra proviene de su inhabilidad de absorber luz. Repele la negatividad y promueve el equilibrio, algo importante para abrir el tercer ojo. La obsidiana negra también es conocida por aumentar el control emocional y remover bloqueos de los chakras.

- **Apofilita**: la apofilita luce como un conjunto de cristales bien formados, de blanco grisáceo, verde y marrón. En algunos casos, pueden ser incoloros. La piedra apofilita conecta la naturaleza psíquica con la física; aquellos que desean mejorar sus habilidades deberían incluir la apofilita a su colección de cristales. Se la conoce por incrementar habilidades como el viaje astral, la clarividencia y el acceso al conocimiento antiguo.

- **Turmalina azul:** esta piedra también recibe el nombre de indicolita. Ayuda a descubrir los patrones que ves y brinda un entendimiento mayor del universo. Con el tiempo, esta piedra también puede ayudarte a revelar el plano del alma,lo que dará una mayor dirección a tu vida.

Cuidando tus cristales

Los cristales pueden guardar y transferir energía. No son algo que simplemente puedas tener en tu poder y esperar que funcionen: necesitan ser limpiados, activados y almacenados correctamente.

Limpiando tus cristales

Los cristales provienen de la tierra y tal vez existieron por millones de años antes de llegar a tus manos. Aun cuando están en la tienda, esperando que llegue un dueño, los cristales son manipulados por personas y absorber sus energías. Por esta razón, lo primero que debes hacer cuando tengas los cristales en casa es limpiarlos.

Hay varias técnicas que puedes usar, incluyendo:

- Sal marina: este método no funcionará en piedras blandas o frágiles. En un bowl, agrega partes iguales de sal marina y de agua. El fluido debe cubrir por completo el cristal. También puedes enterrar el cristal en sal marina. Dejarlo toda la noche en remojo lo limpiara de energías negativas. Agregar al agua hierbas como lavanda, albahaca o salvia puede aumentar su efecto limpiador.

- Piedras limpiadoras: los cristales pueden usarse para limpiar otras piedras, especialmente si las guardas en la misma bolsa. Algunos de los mejores cristales limpiadores son el cuarzo claro y la cornalina.

- Corriente de agua: pon la piedra bajo el chorro de agua por varios minutos, prestando atención. Pide al universo que remueve toda la negatividad de la piedra. Mientras el agua cae sobre la piedra, imagina que hay una luz blanca que baja para limpiar la piedra y llenarla con la sabiduría del universo.

- Limpiador de cristales: muchas tiendas venden limpiadores para cristales. Es una de las mejores opciones para limpiar piedras frágiles que pueden romperse. Lo ideal sería no sumergir estas piedras en agua ya que pueden disolverse. El limpiador de cristales es tan efectivo que solo unas gotas son suficientes.

- 'Smudging' o quemar salvia: otra alternativa incluye quemar salvia para deshacerse de energías viejas. Puede usarse también para tu casa. Para limpiar cristales de energía, quema salvia y ponle tu intención. Llenarse de conocimiento o una mayor intuición son excelentes intenciones, como también proveer sabiduría o dar protección.

Activando tu cristal

Cuando activas tu cristal, estableces una intención con un propósito específico. Esto le da mayor poder porque cuando sabes que el cristal está cerca, te estás concentrando en su intención. Para activar el cristal, párate a la luz de la luna o del sol; puede ser afuera o puedes pararte frente a una ventana.

Sostén el cristal en tus manos y di "Dedico el propósito de este cristal al bien mayor. Le pido que cunpla imteciones de amor y luz." Luego, enfoca tu mente en cómo te gustaría que el cristal fuera usado, ya sea calmar tu mente, limpiar tus chakras o profundizar tu conexión con el tercer ojo. Enfocate en esta intención y visualiza la luz que entra y le da al cristal la energía que necesita para cumplir esa intención. Luego, verbaliza tu intención en voz alta, diciendo "Dedico este cristal para..."

Otra forma de establecer la intención es mantener el cristal cerca tuyo, aun cuando no lo estás usando activamente. Esto profundiza tu conexión con el cristal y solidificarla tu intención, especialmente porque te ayuda a alinear tus pensamientos y acciones conscientes con los objetivos de tu subconsciente.

Correcto almacenamiento

Muchos cristales se ven afectados por la luz, lo que puede causar que su energía se desvanezca si están siempre expuestos a una fuente de luz. Cuando no estas usando tus cristales, guardalos en una bolsa o envueltos en una tela suave y oscura. También puedes guardarlos en una caja forrada en tela.

Cómo usar los cristales en meditación para activar el tercer ojo

Los cristales tienen diferentes energías que determinan como mejor usarlos. Por ejemplo, aquellos que interactúan con la glándula pineal o inducen a soñar durante la noche son más útiles si se usan para dirigir el flujo energético durante la noche. Una de las maneras más poderosas de usar cristales es durante la meditación cuando tu mente está enfocada y el tercer ojo es receptivo. Puedes acostarte y ubicar la piedra sobre tu frente mientras meditas o puedes sostenerla en tu mano. Si vas a tenerla en tu mano, usa tu mano izquierda. El lado izquierdo del cuerpo crea una conexión más fuerte con el corazón y el sistema circulatorio, lo que ofrece una línea más directa hacia el cerebro y el chakra Ajna.

Usar alhajas de cristal es otra forma de fortalecer la conexión con el tercer ojo, especialmente para personas que quieren invitar la influencia del tercer ojo a su vida cotidiana y vivir de una forma más espiritual y conectada. Si no quieres usar alhajas, puedes tener piedras en tu escritorio, dejarlas sobre tu mesa de luz o llevarlas en tu bolsillo. Algunas tiendas venden piedras de tacto, generalmente se trata de piedras lisas que puedes frotar durante el dia.

Usando tu guía interna para elegir una piedra

Cuando activamos el tercer ojo, nos familiarizamos con una versión más profunda de nosotros mismos. Cuando te vuelvas más cercano a esta versión íntima de ti mismo, serás más receptivo a sus sugerencias. Una forma de elegir una piedra es ir a una tienda de cristales y dejar que tu ser interior te guíe hacia el cristal que te resultará más útil para lograr tus objetivos.

La ventaja de dejar que sea el cristal el que te elija, en lugar de elegir conscientemente una gema tú mismo es que el subconsciente tiene una idea más clara de lo que necesitas para estimular el tercer ojo de forma exitosa. Por otro lado, algunas personas tienen una inclinación natural para ciertas habilidades, lo que significa que no tienen que trabajar tan duro para lograr la proyección astral, ver el futuro, detectar auras o cualquier otro poder psíquico como otras personas.

Capítulo 11: Técnicas adicionales para fortalecer la conexión con el tercer ojo

Si bien la meditación es la forma más común de abrir la conexión con el tercer ojo, hay otras técnicas que pueden usarse para crear una conexión. También hay herramientas, como aceites esenciales, cristales y varios objetos que pueden usarse para mantener tu chakra Ajna abierto y activado o facilitar la conexión. Estas cosas suelen combinarse con la meditación para ayudarte a buscar en tu interior y acceder al tercer ojo.

Actividades diarias para activar el tercer ojo

Cuando adquieres un sentido mayor de tu propio ser, la conexión entre tu mente consciente y tu subconciente se hará más fuerte. Algo que debes recordar es que hacer que esta conexión crezca es como una calle de doble mano. Es importante encontrar el tiempo para meditar y abrir el tercer ojo. Sin embargo también notaras que conectarse con el chakra Ajna se vuelve más fácil mientras más lo invites a tu vida diaria. Debajo incluimos una lista de diversas formas en las que puedes invitar la influencia del tercer ojo mientras estaba plenamente consciente:

- Cultiva el silencio en tu vida: La meditación no debería ser el único momento en el que buscas tranquilidad. Cuando estás en silencio, puedes escuchar el murmullo del tercer ojo y conectarse más profundamente a tu intuición.

- Deja que la inspiración fluya. Los proyectos creativos pueden ser una gran forma de conectarte con los poderes del chakra Ajna. En lugar de tratar de crear algo específico, deja que el proyecto en el que estás trabajando sea influenciado por tu inspiración. Deja que el resultado final de los que creas te sorprenda.

- Mira el espacio entre las cosas que 'ves'. Es parte de la naturaleza humana el querer que todo esté enfocado. Para alentar la visión del tercer ojo en el mundo físico, enfócate en el espacio que existe entre las cosas.

Pasar tiempo en la oscuridad.

Cuando está oscuro, la glándula pineal produce melatonina y señala al cuerpo que es hora de dormir. Sin embargo, cuando eres receptivo al tercer ojo, esta activación puede también ayudarte a crear una conexión más profunda con el chakra Ajna.

El momento de mayor actividad del tercer ojo y del

subconsciente es durante la noche, por lo que no es sorprendente que la oscuridad cause la activación del chakra Ajna. Meditar en la oscuridad puede ser muy productivo para activar el tercer ojo. También debes asegurarte que la habitación donde duermes esté completamente a oscuras. No uses dispositivos electrónicos antes de dormir y tampoco es recomendable dejar una lámpara encendida u otros dispositivos con luz en la habitación cuando es hora de dormir.

Los sueños también fomentan tu conexión con el tercer ojo, ya que la glándula pineal tiene influencia sobre tus sueños. Puedes meditar para inducir los sueños, lo que posibilita que tengas sueños lúcidos. El recordar los sueños es otra técnica útil; puedes hacerte el hábito de llevar un diario de sueños. Tenlo junto a tu cama y, en lugar de esperar a la mañana para anotar tus sueños, escríbelos durante la noche, si te despiertas. Esto te ayudará a recordarlos, ya que la mayoría de las personas no recuerdan lo que soñaron a la mañana siguiente. Cuando te despiertes, lee las entradas de tu diario de sueños y trata de recordar cada detalle vivamente.

Para tener sueños lucidos puedes usar la técnica de recordar sueños hasta que recuerdes tus sueños sin haber leído tu diario. Entonces, trata de cambiar las acciones de la persona en tus sueños. Esto puede inducir un estado de sueño lucido, especialmente si lo practicas a menudo.

Estimula el color del chakra Ajna en tu decoración

Rodearte de violeta e índigo, los colores asociados al tercer ojo, puede funcionar al enviar una señal a tu mente para que esté atenta a la presencia del tercer ojo. Cuando decores tu casa, tu oficina o cualquier otro lugar significativo para ti, donde pases mucho tiempo, incluye los tonos azul y violeta. También puedes incluir el color índigo en tu ropa, joyas o accesorios.

Aceites esenciales que activan el tercer ojo

Los aceites esenciales se han usado en medicina por siglos para estimular efectos específicos sobre el cuerpo y la mente. Muchos de ellos funcionan sobre el chakra Ajna, equilibrando, abriendo y limpiando las energías del cuerpo. Esto puede sanar y activar el tercer ojo.

Laurel. Este aceite tiene un aroma dulce y picante que aumenta tu atención al mundo y abre la puerta a la percepción. Se usa comúnmente con la intención de lograr clarividencia, clariaudiencia y clarisensibilidad. Tradicionalmente, este aceite se usaba en la Grecia antigua para fortalecer las habilidades de profecía y adivinación. Una de las formas en que funciona a nivel biológico es estimulando la sincronización de los dos hemisferios del cerebro, lo que aumenta tu grado de conciencia.

Aceite de Neroli. El aceite de Neroli, o de flores de naranjo, tiene un aroma delicado que es floral, dulce y cítrico. Funciona como un tranquilizante natural y se ha usado en tratamientos para la ansiedad y la depresión. Las flores de naranjo tienen también propiedades sedativas y regulan la función del sistema nervioso.

Esto representa un beneficio para el tercer ojo ya que facilita la armonización de cuerpo y mente, equilibrando todos los centros energéticos y guiándote hacia la mentalidad ideal para la meditación del tercer ojo.

Melisa. El aceite de melisa es usado principalmente para el chakra del corazón. Sin embargo, su habilidad menos conocida es su poder de estimular la glándula pineal. Esto te volverá más receptivo a los reinos superiores y las poderosas vibraciones a tu alrededor.

Rosa. El aceite de rosa es el de mayor frecuencia o energía vibratoria de todos los aceites usados para el chakra del tercer ojo. Es tanto relajante para el cuerpo como estimulante para la mente. Alinea tus cuerpos espiritual y físico, creando el equilibrio que necesitas para abrir el tercer ojo.

Semilla de zanahoria. El aceite esencial de semilla de zanahoria es esencial para el tercer ojo. Las zanahorias curan la vista, por lo que se dice que las semillas de zanahoria sanan las propiedades de visión del tercer ojo. Nos encalla a nivel espiritual, manteniéndonos conectados con la tierra, mientras observas la realidad que se desarrolla frente a tus ojos. Aumenta tu percepción en el momento presente y te ayuda a conectar los cuerpos físico y mental. Este es el momento más probable de conectarnos con la percepción y experimentar visiones.

Jazmin. En India el aceite de jazmín recibe el nombre de "Reina de la noche." Se usa frecuentemente en rituales mágicos y de sanación, particularmente aquellos que se realizan a la luz de la luna. Si sufres dolor emocional, puede ayudarte a acceder al nivel más profundo para sanar el trauma. También crea conectividad con el universo y aumenta los poderes de intuición. Aunque el jazmín es conocido por su poderoso aroma, actúa sobre todos los sentidos.

Manzanilla. Tanto la manzanilla alemana como la romana son beneficiosas para el chakra Ajna, ya que relajan el sistema nervioso y calman la mente. El aceite de manzanilla es ideal para relajarte y observar los impulsos de tu ego. Te muestra los patrones y la motivación de tu ego, ayudándote a desprenderte de esa personalidad. La manzanilla te permite ver el mundo con perspectiva de testigo. Una vez que das un paso atrás y ves el mundo con esta nueva visión, estarás más cerca de conectar con el espíritu interno y activar el tercer ojo.

Lavanda. Los efectos de la lavanda no se limitan solo al chakra Ajna: sana todos los chakras del cuerpo. La lavanda es excepcionalmente relajante y sedativa, ayudando a liberar energía almacenada, calmar emociones fuertes e invitar a la fuerza vital a que fluya por tu cuerpo. El aceite de lavanda también estimula el tercer ojo en la forma de la relajación y el sueño. Puede usarse durante la meditación para crear una conexión más fuerte con el tercer ojo y también antes de dormir para inducir los sueños lúcidos y la capacidad de recordar los sueños.

Palo Santo. Suele usarse para limpiar auras y en ceremonias de purificación. Es un tipo de madera que comúnmente se quema y puede usarse como incienso. El aceite se usa para limpieza y para rituales de plegaria y meditación. Es conocido por incrementar la conexión con lo divino y con la percepción espiritual. El dulce aroma del aceite de palo santo es fuerte, pero eso solo fomenta tu habilidad de conectarte con los reinos supremos mientras sigues encallado en la tierra.

Aceite de geranio. Los efectos del aceite de geranio actúan directamente sobre la glándula pineal, ayudando a estimular y activar el tercer ojo. Relaja los nervios pero también canaliza la energía vital del cuerpo, ya que mejora la circulación a todo el cuerpo, incluyendo el cerebro y la glándula pineal.

El aceite de geranio es esencial para aquellos que confían demasiado en el lado racional de la mente y tienen problemas para ver las posibilidades de la vida. Este aceite crea una conexión entre los hemisferios del cerebro, para lograr una perspectiva más equilibrada de la vida.

Cómo usar los aceites esenciales para el tercer ojo

Los aceites esenciales vienen muy concentrados, lo que les da un aroma fuerte. Solo necesitas una pequeña cantidad para inducir los efectos del tercer ojo, dependiendo de cómo elijas usar el aceite. Para lograr la relajación, lo mejor es agregar 20-30 gotas del aceite en agua y sumergirse, concentrándose en poner la mente en blanco y conectarla con tu cuerpo físico. También puedes usar un difusor o quemador de aceite para liberar el aroma en tu hogar. Esto puede ser útil en el momento de la meditación pero también puede usarse durante el dia para incrementar tu conexión con el tercer ojo.

Otras aplicaciones de los aceites esenciales es en productos cosméticos, como lociones corporales o sprays. Esta es una muy buena forma de obtener los beneficios del aceite, sintiendo su aroma durante todo el dia, invitando al tercer ojo a convertirse en un observador en tu dia a dia.

Los aceites diluidos suelen aplicarse directamente sobre la frente, bajo la cual yace el tercer ojo. Si haces esto, usa solo una pequeña cantidad que pueda la piel pueda absorber, ya que de otra forma el aceite puede hacer contacto con la membrana mucosa de tus ojos y dañarlos.

El aceite que uses para estimular el tercer ojo depende de los efectos. Lo ideal sería que eligieras un aceite que ayude a calmar el cuerpo y otro para estimular la mente. Puedes combinar los aceites para un mejor efecto.

Algo que debemos tener en cuenta es que debemos ser cuidadosos cuando usamos aceites esenciales, especialmente si los ingerimos en forma de tintura o aplicándolos sobre la piel. Algunos pueden causar sensibilidad a la luz del sol y otros pueden ser tóxicos en grandes dosis. Natural no siempre significa no tóxico.

Hierbas que influencian el tercer ojo

Las hierbas son otro ingrediente natural que ha sido estudiado desde los comienzos de la medicina, cuando se usaban para tratar enfermedades y dolores.

Gotu Kola. Esta hierba es beneficiosa para aumentar la intuicion y conciencia del mundo. Es una hierba usada en la medicina ayurveda tradicional, para conectar con lo espiritual y la percepción de lo sutil. En la cultura india, esta hierba se denomina 'Brahmi', que se traduce como divino.

Los efectos del gotu kola en la mente probablemente provengan de la sincronización de los hemisferios del cerebro. También potencia la entrada de oxígeno, lo que puede cambiar las ondas cerebrales de tu mente y puede llevarte a los espectros alfa, gamma o theta, que es el estado que te permite expandir tu conciencia.

El gotu kola también ayuda a la activación del tercer ojo porque repara tejidos y nervios. Si lo tomas por un periodo extendido de tiempo, verás que rejuvenece tus patrones neurales y puede hasta dilatar la glándula pineal. Una de las formas más comunes de ingerir esta hierba es en forma de té, pero también puedes licuarla o comerla.

Hongo Reishi. En chino, la traducción del nombre Reishi o Lingzhi, 'hongo de la inmortalidad espiritual.' Según las escrituras chinas, este hongo ayuda a trascender más allá del reino de la realidad mundana. Se cree que abre el corazón y provee soporte al alma para viajar entre reinos, trabajando para aumentar la conciencia.

El hongo Reishi tiene propiedades relajantes y restauradoras que afectan el sistema nervioso. Ayuda a conectar nuestra conciencia con el Universo. una de las formas más fáciles de consumir Reishi es como decocción, un te que se hierve por largo tiempo. También funciona como tintura, creada a partir de su cocción hasta que esté altamente concentrado y administrando el líquido resultante de forma oral.

Ginkgo. El ginkgo se deriva del árbol Ginkgo biloba y los fósiles muestran que han existido por al menos 200 millones de años. Se ha usado en la Medicina China Tradicional (MCT) por al menos 5000 años, según textos antiguos. En MCT, era usado por las familias reales para prevenir la senilidad y mantenerse alertas en sus últimos años.

Los beneficios del ginkgo provienen de sus terpenos y antioxidantes. Aumenta la circulación y el flujo sanguíneo al cerebro y las extremidades. El ginkgo ayuda a suavizar los síntomas de enfermedades neurodegenerativas como la demencia y el Alzheimer, así como a prevenirlas. Espiritualmente, el ginkgo da acceso a la sabiduría derivada de los secretos de los antiguos. El mismo flujo sanguíneo que beneficia el cerebro físico estimula la glándula pineal.

El árbol ginkgo también es significativo para historia china, más allá del uso que le daban los ancianos. Este árbol era considerado sagrado y los que practicaban el Tao tallaban símbolos y hechizos en los árboles ginkgo, lo que se suponía les daba acceso al reino espiritual.

El árbol es muy simbólico también. Todas las partes del árbol son usadas, así como él hace que todas las partes del cerebro sean usadas. También representan la renovación del ciclo de la naturaleza, simbolizando la longevidad y la agudeza mental. No mucho tiempo después del ataque a Hiroshima, el árbol de ginkgo biloba surge del mismo suelo que había sido bombardeado. Fue la primera forma de vida que se arraigó allí.

Si se toma para activar el tercer ojo, el ginkgo biloba debería tomarse en forma de té o tintura.

Lavanda. De las hierbas de esta lista, seguramente esta sea la que te resulta más familiar. La lavanda es conocida por su habilidad para calmar y acallar la mente. Se usa comúnmente para la relajación y se encuentra en productos de baño y de belleza, incluyendo productos para bebé. Según los textos tradicionales, la lavanda calma el ego y la voz incesante de la mente y resuena con el chakra Ajna.

Si te encuentras siempre estresado, la lavanda puede calmar y rejuvenecer tus nervios. Promueve sentimientos de intuición y percepción psíquica, así como también un aumento de la comprensión espiritual. La lavanda tiene un amplio rango de aplicaciones efectivas, desde tres hasta limonadas, se administra como tintura, se quema como lo harías con la salvia y se agrega a cosméticos. Algunas personas también ponen una bolsita de lavanda bajo su almohada antes de dormir, para estimular el tercer ojo durante el sueño.

Loto azul. Otra planta simbólica en la cultura del tercer ojo es la flor de loto azul. Es interesante notar que el loto azul tiene un nombre engañoso: no es realmente un loto. El loto azul es un lirio de agua, como los que se encontraban en el antiguo Egipto, donde se usaba para inducir un estado de ensoñación o se usaba como perfume.

Su historia en el antiguo Egipto puede observarse en el arte de la época, que a menudo mostraba la flor siendo inhalada o la experiencia similar a un trance que causaba. En medicina, era usada como un sedativo con propiedades anticonvulsivas y antiespasmódicas. Mentalmente, se asociaba con la relajación del cuerpo en general y del sistema nervioso, así como también con un estado de euforia etérea.

Es en el estado etéreo donde el loto azul activa el tercer ojo, al aumentar las habilidades de la glándula pineal. Se sabe que puede llevar a un estado más profundo de meditación y que puede conducir a sueños lúcidos. El loto azul puede consumirse como un té,pero algunos egipcios lo inhalaban como humo. Una forma antigua de consumir esta flor incluía hacer una preparación con las flores y vino y luego hacer una poderosa tintura o extracto.

Alimentos para estimular/descalcificar el tercer ojo

Previamente mencionamos que los niños no tienen glándula pineal al nacer, ya que se crea a partir de cristales que se acumulan en el cerebro. Lamentablemente, esto puede causar calcificación con el tiempo. La calcificación ocurre cuando se forman excesos de cristales alrededor de la glándula pineal, algo que ocurre naturalmente en nuestra vida.

Esta calcificación perturba el ciclo sueño/vigilia y hace que sea más difícil 'ver' con el tercer ojo. Los mejores alimentos son los que llevan a la descalcificación, incluyendo:

- Sidra de manzana
- Algas chlorella
- Iodo

Otros alimentos que ayudan a la descalcificación son aquellos que remueven excesos de flúor del cuerpo. El flúor es dañino para la salud y activación del tercer ojo ya que se acumula a su alrededor en forma de cristales, que bloquean la actividad de la glándula pineal. Un estudio descubrió que el tamarindo, la fruta del árbol africano, tiene la habilidad de remover el flúor del cuerpo, eliminando en la orina como sustancias de desecho.

Las limpiezas son efectivas para remover el flúor del cuerpo. Una de ellas incluye consumir zeolitas, que son cristales producidos por volcanes. Estos cristales volcánicos deshacen el calcio que se forma alrededor de los metales tóxicos que se encuentran en los tejidos del cuerpo. Luego, remueven las sustancias metálicas del cuerpo.

Agrega alimentos ricos en yodo a tu dieta

Los haluros son otra causa de acumulacion en los tejidos del cuerpo, especialmente alrededor del tercer ojo. Esto incluye sustancias como bromina, clorina, y flúor. los haluros tienden a acumularse en personas que no tienen suficiente yodo en su cuerpo. La deficiencia de yodo causa síntomas como baja temperatura corporal o la sensación de frío constante, desequilibrio hormonal

enfermedades de la glándula tiroides y fatiga crónica. Puedes tomar suplementos de yodo o puedes consumir alimentos ricos en este mineral, incluyendo:

- sal de mesa
- algas tipo kelp o kombu
- probióticos, como el yogurt griego
- arándanos
- fresas
- habichuelas blancas
- patatas (con cáscara)

Consumir alimentos azules o violetas

Agregar ciertas frutas y verduras a tu dieta puede ayudar a nutrir el tercer ojo. Aquellos con tonalidades azules o violeta crean un flujo de energia a traves de la glandula pineal. Los mejores jugos para beber incluyen el de zarzamora y uva.

Otros vegetales que pueden beneficiar al tercer ojo incluyen:

- acelga arcoiris
- zarzamoras
- arándanos
- remolacha
- berenjena
- grosellas negras
- ciruelas

Usa la luz del sol y de la luna para activar el tercer ojo.

La luz de la luna y del sol tienen beneficios específicos para el tercer ojo. Exponerse al sol estimula la mente y activa la glándula pineal, ya que la exposición a la luz indica a la glándula pineal que debe producir serotonina. La serotonina es responsable de los niveles de energía y del humor positivo. Esta es una de las razones por la que los expertos recomiendan suspender las pantallas antes de dormir. La exposición a la luz aumenta los niveles de energía. Una vez que está oscuro, la glándula pineal recibe la señal de bajar la producción de serotonina y producir melatonina (responsable por hacer que la mente se sienta fatigada).

Cuando tratas de activar el tercer ojo, la luz de luna directa puede ser benéfica. La luz de luna tiene una cualidad mística, no muy distinta a la luz brillante que experimentas cuando abres el tercer ojo. Puedes conectarte al tercer ojo más profundamente relajando a la luz de la luna.

Conclusión

A lo largo de este libro, los múltiples beneficios de activar el tercer ojo deberían haberse hecho aparentes. Activar el chakra del tercer ojo abre tu conexión con el mundo, profundiza tu intuición, aumentará tu creatividad, mejorará tus relaciones y te hará más feliz en todo lo que haces. Tu conexión con el tercer ojo también incrementa tus habilidades en la vida, posiblemente permitiendote ver el futuro, tomar decisiones informadas, proyectarse astralmente o discernir información. Con el tiempo, verás que tu atención al tercer ojo cambia tu vida drásticamente.

Acceder al tercer ojo no es algo que pueda lograrse en una sola sesión. Puede llevar varios intentos, a lo largo de semanas, meses e incluso años para llegar a ese nivel de experiencia espiritual. Debes saber que estás comenzando un viaje que cambiará tu vida. Afortunadamente, ahora posees el conocimiento necesario para hacer esos cambios de forma tal que todo lo que hagas mejore.

Abrir el tercer ojo no es algo que puedas hacer en tu tiempo libre. Vas a tener que vivir y experimentar la vida a través de esta nueva percepción, que muchas veces se entrelazan con tu mente consciente. Hay muchas técnicas que pueden ayudarte en este proceso, mientras te guías hacia la versión más pura de ti mismo.

¡La mejor de las suertes cuando recibas la influencia del tercer ojo en tu vida!

Si disfrutaste este libro, considera dejar una reseña positiva en Amazon.

Lectura recomendada

Auras: Aprende a leer y limpiar auras

https://amzn.to/2X10l8p

Auras, Clairvoyance & Psychic Development: Energy Fields and Reading People

https://amzn.to/2SxjJr9

EL TERCER OJ: PODER MENTAL, INTUICIÓN Y CONCIENCIA PSÍQUICA

https://amzn.to/2E8liXv

Third Eye: Third Eye, Mind Power, Intuition & Psychic Awareness: Spiritual Enlightenment

https://amzn.to/2qre9tX

MIND CONTROL: Manipulation, Deception and Persuasion Exposed: Human Psychology

https://amzn.to/2Jrse2X

Red Light Therapy: Guide to Natural Healing Light
Medicine

https://amzn.to/2Q6ISYl

Referencias

http://jamaica-gleaner.com/article/news/20170402/religion-culture-third-eye-gateway-psychic-powers

https://www.spiri-apps.com/en/third-eye/

https://personaltao.com/third-eye/what-is-the-third-eye/

https://www.psychicgurus.org/benefits-of-opening-third-eye/

https://eocinstitute.org/meditation/meditation-and-third-eye-your-greatest-sense-exposed/

https://personaltao.com/third-eye/third-eye-faq/

https://whatis.techtarget.com/definition/unified-field-theory-or-Theory-of-Everything-TOE

https://www.learning-mind.com/pineal-gland-the-gateway-to-other-dimensions-or-a-quantum-computer-in-our-head/

https://www.psychicgurus.org/list-of-psychic-abilities-and-powers/

https://personaltao.com/third-eye/closing-third-eye/

https://www.gaia.com/lp/content/how-to-awaken-your-third-eye/#

http://www.chakras.info/opening-third-eye/

http://www.dnaalchemy.com/Opening_The_Third_Eye.html

https://www.gaia.com/article/chakra-balancing-meditation-for-greater-peace-wellbeing#

https://www.thedailymeditation.com/mantra

https://blog.sivanaspirit.com/signs-your-third-eye-opening/

http://www.thehealersjournal.com/2013/04/08/mantra-third-eye-om/

https://www.globalhealingcenter.com/natural-health/iodine-foods/

https://www.globalhealingcenter.com/natural-health/everything-you-wanted-to-know-about-the-pineal-gland/

https://fractalenlightenment.com/34274/spirituality/four-yoga-postures-to-open-your-third-eye-chakra

https://www.epainassist.com/yoga/virasana-or-the-hero-pose

https://www.yogajournal.com/poses/supported-shoulderstand

https://www.healingcrystals.com/Crystals for the Third Eye Chakra Articles 9237.html

http://www.chakras.info/third-eye-chakra-stones/

http://www.shamanscrystal.co.uk/page/thirdeye-chakra

https://www.minerals.net/mineral/apophyllite.aspx

https://www.mindbodygreen.com/0-14887/how-to-clear-activate-store-your-crystals.html

https://www.aromaweb.com/essentialoilschakras/chakraessentialoilrecipes.asp

Made in the USA
Las Vegas, NV
20 September 2024

95556800R00072